EDITION SHERSHIR

Scheich Tosun Bayrak vom Sufiorden der Jerrahis ist der Autor zahlreicher Interpretationen von Ibn 'Arabis Divine Governance of the Human Kingdom und al-Jilanis The Secret of Secrets. Er hat auch al-Sulamis Way of Sufi Chivalry übersetzt und eine Meditation über The Most Beautiful Names geschrieben (bei Edition Shershir als Der Name und das Benannte erhältlich).

DIE GESTALT DES LICHTS

Hayakal al-Nur

Hazrat Shihabuddin Yahya al-Suhrawardi
Interpretiert von Shaykh Tosun Bayrak al-Jerrahi al-Halveti
Übertragung ins Deutsche von Peter Finckh

EDITION SHERSHIR

Anmerkung zu den Illustrationen

Die Kalligraphie »Licht über Licht«, die auf der vorhergehenden Seite erscheint, ist vom Kalligraphen Mohammed Zakariyah. Die andern Kalligraphien der schönen Namen Gottes im Textteil stammen von der Grossen Moscheee *(Ulu Cami)* in Bursa, Türkei, erbaut 1399. Die Orginale sind monumentale murale Bilder, etwa 2.4 Meter hoch, die im 19. Jahrhundert vom berühmten Kalligraphen Mehmet Shefik gemalt wurden.

First published by Fons Vitae, Louisville, KY, USA

Suhrawardi: The Shape of Light
ISBN 1-887752-05-6

Lizenzierte Übertragung

ISBN: 978-3-906005-11-9
Umschlag: Lavanda Blue, Gneis, aus Orissa, Indien
Foto: Peter Finckh
Buchgestaltung: Manuskript-Oase, Zürich
Herstellung: Books on Demand, Norderstedt

INHALT

Mitteilung an die Leser
Aus einem Brief von *Hadrat 'Abdul-Qadir al-Jilani* 7

Einführung des Interpreten 9
Über Suhrawardi 21

Die Gestalt des Lichts

Einführung 31
Die erste Gestalt des Lichts (Erleuchtete Materie) 37
Die zweite Gestalt des Lichts (In drei Teilen) 41
Die dritte Gestalt des Lichts 51
(Einige Anregungen zur Überlegung)
Die vierte Gestalt des Lichts (In fünf Abschnitten) 55
Die fünfte Gestalt des Lichts 67
Die sechste Gestalt des Lichts 77
Die siebte Gestalt des Lichts 83
(Über Prophetentum)
Im Namen Gottes 91

Nachwort: Sufigeschichte über die Städte der Seele 95
Bearbeitet von *Shaykh Muhammed Sadik Naqhsbandi Erzinjani*

Gott ist das Licht der
Himmel und der Erde.Das Gleichnis
Seines Lichts ist eine Nische, in der sich eine
Lampe befindet. Die Lampe ist in einem Glase,
und das Glas gleicht einem flimmernden Stern.
Sie wird angezündetvon einem gesegneten
Baum, einem Olivenbaum, weder vom
Osten noch vom Westen, dessen Öl
fast schon leuchtet, auch wenn
es kein Feuer berührt. Licht
über Licht! Gott leitet zu
Seinem Licht, wen Er will.
(24:35)

MITTEILUNG AN DIE LESER

Geschätzter Freund, dein Herz ist ein polierter Spiegel. Wische den Staubschleier, der sich auf ihm abgelagert hat, ab, weil der Spiegel dazu bestimmt ist, das Licht der göttlichen Geheimnisse zu reflektieren. Wenn das Licht von *Gott, der das Licht der Himmel und der Erde ist,* beginnt, auf die Gebiete deines Herzens zu leuchten, dann wird die Lampe deines Herzens angezündet.

Die Lampe des Herzens *ist in einem Glas. Und das Glas gleicht einem flimmernden Stern.* Dann wird in diesem Herzen der Blitz der göttlichen Erkenntnisse einschlagen. Dieser Blitz entsteht aus den Donnerwolken der Bedeutung *weder vom Osten noch vom Westen, entfacht von einem gesegneten Olivenbaum,* und bringt Licht zum Baum der Erkenntnis, so rein, so durchsichtig, dass er *leuchtet, auch wenn ihn kein Feuer berührt.* (24:35)

Dann ist die Lampe der Weisheit von sich aus entfacht. Wie kann sie dunkel bleiben, wenn das Licht von Gottes Geheimnissen über sie strahlt? Auch wenn nur das Licht der göttlichen Geheimnisse auf die Lampe der Weisheit leuchtet, dann strahlt der Nachthimmel der Geheimnisse mit tausend Sternen, *und durch die Sterne finden sie die Richtung.* (16:16)

Es sind nicht die Sterne, die uns leiten, sondern das göttliche Licht. Denn Gott *hat den untersten Himmel mit dem Schmuck der Sterne ausgeschmückt.* (37:6) Wenn nur die Lampe der göttlichen Geheimnisse in deinem Inneren Feuer gefangen hat, so wird der Rest kommen, entweder auf einmal oder nach und nach. Einiges weisst du bereits, anderes werden wir dir hier erzählen. Lese, höre zu und versuche zu verstehen.

Die dunklen Himmel des Unbewussten werden durch die göttliche Gegenwart, den Frieden und die Schönheit des Vollmondes erleuchtet, der sich am Horizont erhebt und der *Licht über Licht* (24:35) verbreitet und der immer höher in den Himmel aufsteigt und durch die vorgesehenen Phasen geht, so wie Gott *für ihn Phasen bestimmt hat, bis er* (36:39) in Herrlichkeit mitten am Himmel scheint und die Dunkelheit der Achtlosigkeit vertreibt.

(Ich schwöre) bei der dunklen Nacht, wenn sie still wird (93:2): *Beim lichten Tag* (93:1) wird deine Nacht des Unbewussten die Helligkeit des Tageslichtes sehen. Dann wirst du das Parfum der Erinnerung einatmen und *im Morgengrauen (der Unbewusstheit wegen) um Verzeihung flehen* (3:17) sowie dein im Schlaf verbrachtes Leben bedauern. Du wirst den Gesang der morgendlichen Nachtigallen hören und du wirst sie sagen hören: *Sie schliefen nur einen Teil der Nacht, und im Morgengrauen baten sie um Verzeihung.* (51:17-18) *Allah leitet zu Seinem Licht, wen Er will.* (24:35)

Dann wirst du am Horizont der göttlichen Vernunft die Sonne innerer Erkenntnis aufgehen sehen. Es ist deine eigene Sonne, weil du derjenige bist, *den Allah leitet,* und du bist *rechtgeleitet,* und nicht jener, *den Er irregehen lässt.* (7:178)

Und du wirst das Geheimnis verstehen, *dass die Sonne den Mond nicht einholen darf, noch darf die Nacht dem Tag zuvorkommen, sondern alle schweben in der Bahn ihrer Sphäre.* (36:40)

Schliesslich wird der Knoten gelöst, in Übereinstimmung mit *den Gleichnissen, welche Allah für die Menschen prägt, und Allah kennt alle Dinge,* (24:35) und die Schleier werden gelüftet und Schalen werden zerbrechen und das Feine unter dem Groben aufzeigen; die Wahrheit wird ihr Gesicht enthüllen. All dies beginnt, wenn der Spiegel deines Herzens gereinigt ist. Das Licht der göttlichen Geheimnisse wird auf ihn fallen, wenn du es wünschst und Ihn darum bittest, aus Ihm und mit Ihm.

Aus einem Brief von *Hadrat 'Abdul-Qadir al-Jilani*

EINFÜHRUNG DURCH DEN INTERPRETEN

Mystische Philosophie oder Philosophie des Sufismus?

Um den Standpunkt Suhrawardis im vorliegenden Werk zu erläutern ist es nötig, den Unterschied der beiden philosophischen Ansätzen zu klären, da beide, obwohl auf eine gewisse Weise einander ähnlich, sich doch wesentlich voneinander unterscheiden: Die eine ist allgemein bekannt als mystische Philosophie, und die andere kann die Philosophie des Sufismus genannt werden.

Mystische Philosophie ist ein Gedankensystem, das auf der Theorie des Kenntnisserwerbs durch Inspiration und Eingebung aufgebaut ist und sich mit der Erkundung von Mysterien beschäftigt. In der islamischen Welt zur Zeit von Suhrawardi wurde diese Art der Philosophie *ishraqiyyah* (Philosophie der Erleuchtung) genannt, was wortwörtlich »Erleuchtung durch das reine Licht, frei von Materie, frei vom Orient *[sharq]* der Seele« heisst.

Ishraqiyyah ist in einem gewissen Sinne die Metaphysik des Lichtes. Obwohl die Gegenüberstellung von Licht und Dunkelheit die Grundlage manch anderer Philosophien und Religionen war, besonders im Zoroastrianismus, mit dem die *ishraqi*-Philosophen vertraut waren, waren die mystischen Philosophen der *ishraqiyyah* keineswegs von der islamischen Orthodoxie *(shari'ah)* abgespalten. Im Gegenteil, sie versöhnten die Orthodoxie mit ihrer Philosophie, und verbanden beide miteinander. Sie versuchten, ihre Philosophie durch den Islam und den Islam durch ihre Philosophie zu erklären. *Ishraqiyyah* nimmt den Koran zu ihrem Zeugen:

Gott ist der Beschützer der Gläubigen.
Er führt sie aus tiefer Finsternis zum Licht.
Die Ungläubigen aber, deren Freunde sind blosse Götzen.
Diese führen sie aus dem Licht in tiefe Finsternis.
Sie sind die Bewohner des Feuers
und verweilen ewig darin.
(2:257)

Von Gott ist zu euch nunmehr ein Licht und ein deutliches Buch gekommen,
womit Gott zu Wegen des Heils leitet, wer Sein Wohlgefallen anstrebt,
und sie mit Seiner Erlaubnis aus den Finsternissen zum Licht
und auf einen rechten Pfad führt.
(5:15-16)

In der Zusammenführung der Lehren der Korans mit den Einflüssen der neuerlich wiederentdeckten und übersetzten Werke der griechischen Philosophen, die in Plato gipfelten, verfolgten viele muslimische Denker die Philosophie der visionären Intuition. Im Westen sind heute *Ibn Sina, Halabi,* und bis zu einem gewissen Grad auch *al-Farabi* bekannt.

Die mystische *ishraqi*-Philosophie war nicht die einzige Art von Philosophie, die der islamischen Welt bekannt war. Ein anderer Trend, der *mashsha'iyyah* (Peripatetos) genannt wurde und unter dem Einfluss der rationalistischen Philosophie von Aristoteles stand, war schon früher von *Ibn Rushd* (Averroes), *Ibn Tufayl, Ibn Bajjah* und anderen im islamischen Spanien angepasst worden. Dieser islamische Aristotelizismus von *Ibn Rushd* wurde ins Lateinische übersetzt und hatte einen grossen Einfluss auf das christliche Gedankengut. Er überwog die Augustinische Mystik und führte zum Rationalismus und Naturalismus der Renaissance.

Die Lehre von Suhrawardi ersetzte die früheren direkten Einflüsse des Aristotelischen Rationalismus und des Platonischen Intuitivismus. Suhrawardi, der den Weg der Sufis ging und sich zu deren spirituellen Übungen von Rückzug und Meditation verpflichtet hatte, wird auch als der hauptsächliche Befürworter der Lehre von *ishraqiyyah* betrachtet. Er ist jedoch nicht ein mystischer Philosoph im gewöhnlichen Sinne, sondern ein Philosoph des Sufismus. Sufi-Philosophen, wie viele andere auch, betrachten den Wert des Denkens, den Ursprung der ewigen Wahrheit und die Ursache des menschlichen Seins. Im Sufismus wird diese Suche jedoch eher aktiv und tatkräftig als intellektuell durchgeführt. Diese Aktivität kann mehrere Formen annehmen.

Eine dieser Formen, die alle Aspekte des Lebens umfasst, ist die Bemühung, Hingabe, moralische Vorschriften, Bewusstheit und Gewissen in jedem Augenblick des täglichen Lebens anzuwenden. Dies verlangt andauerndes Abwägen und das ständige Streben nach Verbesserung. Eine solche aktive spirituelle Suche führt zu einer Anhäufung von Erfahrungen und zu einem Wissen, das mit eben diesen bewussten persönlichen Erfahrungen angesammelt wird. Die daraus folgende Weisheit wird *ma'rifah* genannt, die innere Weisheit und Philosophie von Sein und Handlung, die wegen ihrer subjektiven Natur vom Einfluss anderer Philosophien unberührt ist.

Aber der Sufi mag sich auch in die Abgeschiedenheit *(khalwah)* begeben. Zurückgezogen von der Welt, meditiert er über Gott, Mensch und Schöpfung und kommt zu einem Schluss. Das Ergebnis dieser meditativen Erfahrung kann keinen Bezug zu irgendeiner anderen Gedankenschule haben.

Oder aber der Sufi erfährt durch fromme Askese, Gebete, abgestimmte Anstrengungen und die Kasteiung des Körpers Offenbarungen und er beobachtet Ereignisse, die für andere unsichtbar sind. Auch dies ist ein Wissen, das nicht in eine andere Art von Philosophie passt.

So gibt es zwei Seiten des Sufismus: Erkenntnis und Handlung. Hingabe, Gehorsam gegenüber Gott, Furcht vor und Liebe zu Gott, Vermeidung des Ungesetzlichen, und *adab* (vollendetes Verhalten und Moral) sind alle im Bereich der Handlung. Dies ist der Ausgangspunkt des Sufismus. Spirituelle Erfahrungen, Weisheit, Eingebung, die Eröffnung der inneren Bedeutungen und der göttlichen Geheimnisse, und schliesslich Wahrheit, sie sind im Bereich des Wissens. Dies ist der Zweck des Sufismus.

Mit Ehrfurcht, Verzicht und Meditation hofft der Sufi, sein Herz zu reinigen und eine innere Ordnung zu erstellen. Dies bringt seine Seele ihrerseits in einen beseelten Zustand der Weisheit. Handlung ist die Ursache, und Wissen ist die Wirkung. Ehrfurcht, Verzicht und vollkommenes Verhalten sind die Mittel dazu. Wissen, oder besser gesagt die Erkenntnis, ist dessen Ergebnis. Dieses Wissen kann weder durch Überlegungen noch durch Vernunft erzielt werden. Es kann nur von Gott durch Offenbarung geschenkt werden. Es kann keinen Sufismus durch Wissen ohne Handlung geben. Auch wird kein Leben in Hingabe und Askese zu Sufismus, wenn es keine Weisheit erlangt.

Wissen dieser Art, erhalten durch diese Methoden, wenn es in deutlichen Begriffen ausgedrückt wird, kann als Philosophie des Sufismus bezeichnet werden. Die Natur dieses Wissens gibt dieser Philosophie einen von allen anderen abweichenden Stand. Zahlreiche Sufiheilige und Weise, so wie *Sulami, Qushayri, Kalabadhi, 'Abdul-Qadir al-Jilani, Junayd al-Baghdadi und Mawlana Jalaluddin Rumi* (mögen ihre Seelen geheiligt werden) haben in ihren Leben, in ihren Lehren und Schriften diese Philosophie dargelegt und bestätigt, so wie sie sich in ihren eigenen und gegenseitigen Erfahrungen gezeigt hat. Diese Heilige erzählen in ihren Ausführungen ihre persönlichen geistigen Erfahrungen und erklären auf einem höheren Verständnisniveau die orthodoxe islamische Theologie der Schriften, Dogma, Doktrinen und Kanon (Regeln).

Zur Zeit von Suhrawardi scheint es vier grundsätzliche Wege zu spirituellem Wissen, zu göttlicher Wahrheit und zur Erlösung gegeben zu haben. So wie der Bereich der intellektuellen Überlegung die visionäre Philosophie der *ishraqiyyah* und die Vernunftargumente der *mashsha'iyyah* enthält, so schloss der Bereich der Interpretation der Schriften die intuitive Anwendung der Sufis und die logische Schlussfolgerung der islamischen Scholastik ein, die als *kalam* bekannt ist. Gemäss dieser Einordnung vertrauen jene, die der Auslegung durch *kalam* folgen, auf das mit den Sufis gemeinsame Dogma und teilen mit den Aristotelischen Philosophen den Rationalismus der *mashsha'iyyah*. Die Sufis, die die Abhängigkeit von den Schriften mit den Schulgelehrten von *kalam* teilen, haben aber, wie schon erwähnt, wie die Platonischen Philosophen der *ishraqiyyah* ihre Methode der Intuition.

Die Tradition unterteilt die geistigen Menschen in zwei Kategorien: *ahl al-nazar,* die Spekulativen, und *ahl al-riyadat,* die Praktiker der spirituellen Erfahrung. Die Spekulativen gehören, falls sie die schlussendliche Autorität beim Kanon des Islams sehen, zu den Anhängern des *kalam*. Falls nicht, sind sie die Philosophen der *mashsha'iyyah*. Die Praktiker der spirituellen Erfahrung werden, falls sie Erfahrung gegen den Kanon des Islams aufwiegen, Sufis genannt; falls nicht, sind sie Philosophen der *ishraqiyyah.*

In der Praxis war diese Unterteilung nicht so strikt. Die Aristotelische *mashsha'iyyah* behauptet, dass eine unverfälschte Vernunft in der Lage ist, jedes Problem zu lösen und jede Frage zu beantworten. Die Neoplatonische *ishraqiyyah* beruht auf der Idee, dass alles durch individuelle Inspiration erklärt und beurteilt werden kann. Beide Richtungen sind philosophisch gesehen unabhängig von religiösen Dogmen. Die Rolle, die überlieferte Lehren bei ihnen tatsächlich spielen, ist abhängig vom jeweiligen Philosophen. Ebenso ist auch der Grad des Rationalismus in *kalam* und der Grad des Intuitionismus im Sufismus – wobei letztlich beide von den Schriften abhängen – unterschiedlich und nicht konstant. Alles ist abhängig von der Persönlichkeit des Weisen. So gewichtet zum Beispiel unter den Schulgelehrten *Fakhr al-Razi* die Fähigkeit der Vernunft höher als *Abduh al-Maali.* Bei den Sufis vertrauen der Heilige *Mevlana Jalaluddin Rumi* und der Orden der *Mawlawiyyah* weniger strikt auf doktrinäre Prinzipien als der Heilige *Baha'uddin Naqshbandi* und der Orden der *Naqshbandiyyah.* Daher gab es häufig keine klare Grenze zwischen der Scholastik des *kalam* und dem Rationalismus der *mashsha'iyyah,* auch nicht zwischen der intuitiven Philosophie der *ishraqiyyah* und der persönlichen Inspiration der Sufis. Ein Sufi kann, ohne es zu realisieren, in den Bereich der Neoplatonischen Philosophie der *ishraqiyyah* geraten, und eine Sekte, abhängig von der örtlichen Auseinandersetzung über den *kalam,* kann sich als Teilnehmer des Aristotelischen Rationalismus wiederfinden. Von Anfang an gab es einen Konflikt zwischen der religiösen Scholastik des *kalam* und den Sufis. Die Theosophen des *kalam* haben sich in ihren Angriffen gegen die Sufis auf die rationale Philosophie berufen, wohingegen die Sufis, wenn sie den Philosophen *kalam* vorwarfen, ihre Argumente mit dem Standpunkt und Beweisen der intuitiven und visionären Philosophie der *ishraqiyyah* untermauerten.

Diese Beziehung zwischen den Philosophien und den ihnen entsprechenden Glaubensausrichtungen wurde von den Sufis und den Theosophen des *kalam* in ihren Streitigkeiten gegeneinander eingesetzt. Dies führte dazu, dass sie sich gegenseitig *zindiq* schimpften, was jene bezeichnet, die die Religion mit dem Einfluss nicht-islamischer Quellen verzerren. Dieser Konflikt beschränkt sich auf die Theosophen des *kalam*, die dem Rationalismus über das Dogma Vorrang geben, und auf die Sufis, die der visionären Intuition Vorrang vor dem Dogma geben. *Kalam* und ein Sufismus, der eher mit den Grundsätzen des Islams als mit denen der Philosophen übereinstimmt, können in perfekter Harmonie miteinander existieren. Das beste Beispiel dazu ist *al-Ghazali*, dessen rationale Argumente für den Bruch der Macht des Aristotelischen Rationalismus verantwortlich waren und der ganz allgemein die philosophischen Grundsätze zerstörte, die im Gegensatz zu Islamischen Lehren standen.

Wenn die Majestät der Überlieferung am grössten ist, verlieren kleinliche Streitereien, die auf Meinungsverschiedenheiten beruhen, ihre Kraft. Der grosse Sufi *Sari al-Saqati* sagte: »Das Licht der Weisheit in einem Sufi löscht in ihm das Licht der Furcht vor Gott nicht aus. Das innere Wissen, das er besitzt, kann der offenen Bedeutung des Korans und des Hadith nicht widersprechen. Die von ihm vollbrachten Wunder können den Schleier von Gottes Geheimnissen nicht zerreissen.«

So wie *al-Ghazali* untersuchte Suhrawardi alle Arten von Wissen, die zu seiner Zeit verfügbar waren, und stellte schlussendlich seine breite Erfahrung in den Dienst des Sufismus und hat dadurch die innere Bedeutung des Islams aufgezeigt. *Suhrawardi* sagte bezüglich dieser Arbeit: »Obwohl ich vorgängig zur Zusammenstellung dieses Buches schon mehrere zusammenfassende Abhandlungen über die Aristotelische Philosophie geschrieben habe, unterscheidet sich dieses Buch von jenen und es hat eine spezielle Methode, die ihm eigen ist. All dieses Material wurde nicht durch Gedanken und Überlegungen zusammengetragen, sondern durch Intuition, Kontemplation und asketische Übungen.«[1]

Der Botschafter Gottes (ﷺ)[2] hat einen *Hadith qudsi* erwähnt, eine Äusserung nicht koranischen Ursprungs, in der Gott sagt:

1 Suhrawardi, Opera. Ed. Henri Corbin (II.10.11)

2 ﷺ (oder FSGsmi) ist ein Gebet, das immer bei Erscheinen des Namens des Propheten erscheint und bedeutet: »Friede und Segen Gottes sei mit ihm.«

Wenn Ich Meinen Diener liebe, so bin Ich sein Auge,
so dass er durch Mich sieht.
Ich bin sein Ohr, so dass er durch Mich hört.
Ich bin seine Zunge, so dass er durch Mich spricht.
Ich bin seine Hand, so dass er durch Mich nimmt.

Dies ist der Zustand der Auslöschung des eigenen Willens und der eigenen Körperlichkeit in Gott. *Suhrawardi* war in diesem Zustand.

Solche Bedingungen eröffnen die Möglichkeiten von Wahrnehmungen, die der Menschheit unter normalen Umständen nicht zur Verfügung stehen. *Suhrawardi* sieht das Bild von Licht in einer speziellen Art der Wahrnehmung, die nicht der sinnlichen Wahrnehmung entspricht, sondern mit der Vorstellungskraft vergleichbar ist.

Ein vernünftiger Mensch weiss, dass die Dinge, die man sich für gewöhnlich vorstellt, nicht wirklich sind und dass sie nicht vorgegebene Erfindungen des Geistes sind. Auf der anderen Seite wissen wir, dass es wirkliche und doch unsichtbare Kräfte gibt, die sich in unsichtbaren Gestalten und Phänomenen ausdrücken. Der Mensch besitzt die Fähigkeit zur Wahrnehmung von Ursache, von Gründen, der Essenz und von feineren Wirklichkeiten der groben Wirklichkeit. Aber er nimmt auch die himmlischen Wirklichkeiten wahr, die keine Entsprechung in der groben weltlichen Wirklichkeit haben. Auf eine gewisse Art und Weise ist die Wirklichkeit der Sinnesempfindung ein Schleier zwischen uns und der **wirklichen Wirklichkeit** geworden. Wahre innere Wahrnehmung ist nicht etwas, das aus der äusseren Wahrnehmung hergeleitet wird, so wie eine normale Einbildung, die einfach Eindrücke durcheinander mischt und ebenso beschränkt wie die Sinne ist. Vielmehr sieht sie das innere Bild direkt durch das innere Auge, *basirah* genannt.

So wie das grobe weltliche Bild auf der Netzhaut des physischen Auges erscheint, so reflektiert sich das innere Bild auf dem reinen Spiegel des geläuterten Herzens als eine durchsichtige spirituelle Gestalt von Licht und ist der Seele selbst eingeprägt. So wie der sterbliche Körper vergängliche Dinge und Erfahrungen schaut und sich davon ernährt, so sieht und bezieht sich die unsterbliche Seele auf das Wesen der Dinge. Diese Wahrnehmung ist die Erkenntnis der Seele von sich selbst.

Heilige, die mit den Augen Gottes sehen und mit Gottes Zunge sprechen, machen gelegentlich starke Aussagen, wie das berühmte *ana al-haqq* (»Ich bin die Wahrheit«), oder *subhani* (»Ehre für mich«). In solchen Momenten kommen Namen, die einzig Gott zugeordnet werden, ohne ihren Willen von den Lippen eines *al-Hallaj* oder eines *Beyazid*. Der Sufi-Schriftsteller *Qushayri* wirft dies solchen Weisen vor und meint: »Sufis machen gelegentlich Aussagen, deren Bedeutung ihnen bekannt ist, aber die für andere völlig unverständlich sind«.

Die Gefahr von Missverständnissen ist sehr gross. *Hallaj* erklärte: »Ich bezeuge Gott, ich bin mit Ihm vereint.« Andere verstanden ihn so, dass er sagte: »Ich bin Gott«, und er wurde zu Tode gequält. Im Fall von Suhrawardi war es dasselbe.

Das Subjekt des Sufismus ist die Seele. Die Sufis benutzen die Begriffe *latifah* (Anmut); *sirr* (geheime Seele); *nafs* (Wesen, Essenz); *qalb* (Herz oder Zentrum), und andere mehr. Alle bezeichnen im Wesentlichen die Seele. Das Reinigen der Seele, die Reinigung des Herzens, das vollkommene Ordnen des eigenes Wesen, zentriert zu sein und eins zu sein, sind die Ziele des Sufismus. Derjenige, der dies umsetzen kann, ist der Perfekte Mensch.

Bisher wurde von Sufiphilosophie gesprochen. Weil der Zweck und das Subjekt des Sufismus die Seele ist, ist in einem gewissen Sinn Sufismus auch Psychologie. Wissen, Gefühle, Beweggründe und Handlungen sind die grundsätzlichen Themen sowohl von Sufismus wie auch der Psychologie. Psychologie, die von sich behauptet, fest bestimmt zu sein, bleibt innerhalb der Grenzen von Massnahmen, Versuchen und messbaren Erfahrungen. Sufismus, obwohl scheinbar begrenzt durch die Prinzipien des Islams, schliesst Wissen ein, das in Zuständen der Ekstase, der Verzückung und der göttlichen Liebe empfangen wurde und das die Grenzen von Logik und Vermessung sprengt.

Moralische Richtlinien – richtig und falsch im Kontext des göttlichen Richtspruchs – sind in der Regel nicht eigentliche Ziele der Psychologie. Im Sufismus jedoch hängen die religiösen Zustände und Enthüllungen sowie das daraus resultierende Wissen von der Anwendung der objektiven Vorgaben des Dogmas und des Kanons auf die eigenen Absichten und Handlungen ab. Das Beispiel des Propheten (ﷺ) und das der Heiligen und Weisen als Lehrer und vollkommene Menschen werden zu diesem Zweck befolgt. Aus dieser Sicht ist Sufismus auch Pädagogik. Diese Erziehung der Seele wird in den Worten *akhlaq*, Morallehren, und *adab*, die vollendeten Umgangsformen, ausgedrückt.

Es gibt diesbezüglich im Menschen drei Gesichtspunkte:

1. Veranlagung *(khuluq, akhlaq)*: Die eigene Natur und das eigene Potential, wie es bei der Geburt existiert. Diese Veranlagung, wenn sie nicht in Übereinstimmung mit dem steht, was gemäss dem göttlichen Urteil gesetzlich und wünschenswert ist, kann durch fortlaufende und organisierte Bemühung verbessert werden – *mujahadah*, Bestrebung, Kampf.
2. Handlung *(fi'l)*: Gewollte Handlungen wie gottesfürchtige Hingabe, Gehorsam und Unterwerfung unter religiöse Verordnungen sowie gute Taten.
3. Zustand *(hal, ahwal)*: Zustände, die einem ohne eigenes Zutun geschehen. Die Güte und Reinheit dieser Zustände entsprechen der Reinheit der eigenen Veranlagung und der eigenen Handlungen. Es gibt zwei Arten solcher Zustände:
   - Zustände der Erregung *(wajd)*, der Ekstase *(jadhbah)*, der geistigen Berauschung *(sukr)*, der Trance *(istighraq)*, der Zusammenziehung *(qabd)*, der Ausdehnung *(bast)*, etc. Dies sind höhere Gefühlszustände.
   - Inspiration *(ilham)*, Intuition *(firasah)*, Entdeckung *(kashf)*, Gewissheit *(yaqin)*, Wahrheit *(haqq)*, verfeinertes Wissen *('irfan)*, innere Weisheit *(ma'rifah)*. Dies sind die intellektuellen, intuitiven und visionären Zustände, die zu Weisheit führen.

Diese drei Gesichtspunkte beeinflussen sich gegenseitig auf folgende Art: der Mensch betet aus eigenem Willen, lebt ein frommes Leben, tut gute Taten gemäss dem, was vorgeschrieben ist, und er vermeidet das, was ungesetzlich ist; dies verändert seine schlechten Veranlagungen und öffnet ihn für den Empfang von mystischen Zuständen der Erhöhung und der Verzückung; durch diese Zustände erhält er die Eingebung, die Entdeckung und die Gewissheit der inneren Weisheit.

Somit hängen mystische Zustände von der persönlichen Veranlagung ab, und diese Veranlagung wird durch die eigenen, vorsätzlichen guten Taten verbessert; verfeinertes inneres Wissen ist die Belohnung für diese Taten. *Akhlaq,* die Veranlagung, und *fi'l,* die vorsätzlichen guten Taten, sind im Bereich der *shari'ah,* dem islamischen Dogma. *Hal,* glückseliger Zustand, der Ursprung der Weisheit, fällt in den Bereich des Sufismus. Da *hal,* der höhere Zustand, von *akhlaq,* Veranlagung, und von *fi'l,* Handlung, abhängt, ist der Islam das Fundament und Sufismus das Haus, das darauf gebaut ist.

Ein Haus kann nicht ohne Fundament gebaut werden. Ein Fundament kann jedoch existieren, ohne dass darauf ein Haus gebaut wird, aber der Zweck des Fundamentes ist, dass darauf ein Haus gebaut wird. Das islamische Dogma ist der Körper, Sufismus ist die Seele. Die Religion ist das Wort, Sufismus die Bedeutung. Das Dogma ist das Meer, Sufismus ist die Perle im Meer. Die Religion ist Milch, Sufismus ist ihre Sahne. Die Religion ist der Baum, Sufismus ist seine Frucht. Islam ist die Gestalt des Lichts und Sufismus ist das Licht innerhalb dieser Gestalt.

Gott ist das Licht der
Himmel und der Erde.Das Gleichnis
Seines Lichts ist eine Nische, in der sich eine
Lampe befindet. Die Lampe ist in einem Glase,
und das Glas gleicht einem flimmernden Stern.
Sie wird angezündetvon einem gesegneten
Baum, einem Olivenbaum, weder vom
Osten noch vom Westen, dessen Öl
fast schon leuchtet, auch wenn
es kein Feuer berührt. Licht
über Licht! Gott leitet zu
Seinem Licht, wen Er will.
(24:35)

Allah, Gott, möge Seine Herrlichkeit erhaben sein. (Allah, das Wort der Herrlichkeit *[lafz al-jalal]* ist der persönliche Name *[ism al-dhat]* von Gott, der Name Seiner Essenz und Seiner Gesamtheit. Er wird mit vier Buchstaben geschrieben. Wenn der Anfangsbuchstabe *alif* entfernt wird, dann sind die drei verbleibenden Buchstaben das Symbol für das Universum und für die Existenz, die aus der sichtbaren Welt *[dunya]* und der unsichtbaren Himmel über dem Sternenfirmament besteht; dem Fegefeuer *[barzakh]* und dem Himmel; dem Jenseits *[akhira]*. Der erste Buchstabe *alif* ist der Ursprung von allem, und der letzte Buchstabe *hu* [Er], ist Gottes vollkommenste Eigenschaft, frei von jeglicher Verbindung.

ÜBER SUHRAWARDI

Suhrawardi wurde im Jahr 549 A.H. (1155 A.D.) in der Stadt Suhraward in der Provinz Jabal im heutigen Aserbaidschan geboren. In Maraghah in Aserbaidschan studierte er islamisches Recht und Theosophie unter Scheich *Majduddin al-Jili.* Später reiste er nach Isfahan in Persien, wo damals ein führendes Ausbildungszentrum war und ergänzte seine Studien unter *Zahiruddin al-Qari'.*

Als junger Mann war er als Theosoph und Theologe gut bekannt und hatte einen Doktortitel in islamischem Recht. Er reiste weit in den Provinzen des Seldschukenreiches, in Persien, in Anatolien und in Syrien herum. Dabei traf er zahlreiche Sufimeister und war ihnen stark verbunden. Er schlug den Sufipfad ein und praktizierte für lange Perioden gottesgläubige Hingabe, spirituelles Zurückgezogensein und Meditation. Auf seinen Reisen besuchte er *Harran, Antalya, Nusaybin* und *Urfa* im nördlichen Syrien, eine Region, die vor der Ankunft des Islam das Zentrum der Hermetik war. Es ist möglich, dass einige Gedankengänge, die in Suhrawardis Theosophie erscheinen, ihm während dieser Reisen aus jener Quelle durch seine Begegnungen vermittelt wurden. Schliesslich wurde er von *Malik Zahir,* Gouverneur von Aleppo, eingeladen, sich in dieser Stadt niederzulassen. *Zahir* war der Sohn des berühmten Siegers der Kreuzzüge, *Salahuddin al-Ayyubi.* Er wurde der Schirmherr von Suhrawardi und lud ihn häufig zu Gesprächen mit anderen weisen Männern dieser Zeit in seinen Palast ein.

Suhrawardi verfügte zusätzlich zu den inneren Weisheiten, die er von seinen Lehrern erhalten hatte, und zur direkten Eingebung, die ihm durch seine Sufipraktiken gewährt wurde, über eine ausserordentliche Intelligenz. Dies befähigte ihn, alle seine Gegner in Streitgesprächen zu überflügeln. Er war furchtlos und unverblümt, was ihm zahlreiche Gegner schuf.

Viele orthodoxe Autoritäten, speziell Gelehrte des Rechts, behaupteten, dass er Doktrinen im Widerspruch zu den Grundsätzen des Glaubens verbreite; seine Kenntnisse der Alchemie liessen Suhrawardi für sie als Hexer erscheinen. In der Folge forderten sie seine Hinrichtung. Tatsächlich gibt es eine Überlieferung, gemäss der *Malik Zahir* Suhrawardi eines Tages um die Demonstration seiner Kenntnisse in Alchemie bat. Obwohl Suhrawardi sich zunächst mit der Begründung weigerte, dass solche Praktiken nicht für das Auge und das Verständnis des Gouverneurs bestimmt seien, willigte er schliesslich unter dem Beharren seines Beschützers ein.

Nach gewissen Vorbereitungen und Rezitationen bat er den Gouverneur, sich auf den Balkon des Palastes zu begeben und auf die Stadtmauern zu schauen. Die ganze Stadt war von Horden von Mongolen umgeben, die die Stadt angriffen! Bald wimmelte es auf den Stadtmauern von ihnen und sie töteten und zerstörten alles, was ihnen in den Weg kam. Sie kamen aus allen Richtungen auf den Palast zu. Als sie schliesslich die Tore des Palastes erreichten, floh *Malik Zahir* entsetzt in den Harem. Kaum öffnete er die Türe zum Harem, sah er sich einem siebenköpfigen Drachen gegenüber; er fiel hin und wurde ohnmächtig.

Suhrawardi wiederbelebte ihn, führte ihn auf den Balkon und zeigte ihm die Stadt Aleppo, friedlich und wunderschön unter der Sonne glänzend. Es wird gesagt, dass dieser Vorfall die Veränderung im Herzen von Suhrawardis Schirmherrn herbeiführte.

Suhrawradis Feinde gingen schliesslich zu *Salahuddin Ayyubi,* um ihn zu überzeugen, dass dieser Hexer eine Gefahr für die Religion und das Land sei. Syrien war gerade erst von den Kreuzrittern zurückerobert worden, und *Salahuddin* war für den Erhalt seiner Autorität auf die Unterstützung der Rechtsgelehrten angewiesen. Diese politischen Überlegungen waren der Grund für den Befehl an *Malik Zahir,* Suhrawardi einzusperren und hinzurichten.

Nach einer anderen Überlieferung bewilligte *Malik Zahir* den Wunsch von Suhrawardi, sein Leben eher durch vollständiges Fasten zu beenden, als hingerichtet zu werden. So verliess Suhrawardi diese Welt im Jahr 587 A.H. (1191 A.D.) im Alter von achtunddreissig Jahren durch die Sufipraxis der Kasteiung des Körpers mittels vollständigem Fasten.

Trotz seines kurzen Lebens schrieb Suhrawardi beinahe fünfzig Bücher, sowohl in Arabisch wie auch in Persisch, und die meisten wurden in weitere Sprachen übersetzt. Die wichtigsten sind die folgenden:[3]

1. *Hikmat al-ishraq* (Die Theosophie der Erleuchtung), das als sein Meisterwerk betrachtet wird und die Grundlage der Theosophie der *ishraqiyya* bildet. Dieses Werk wurde mit einem Kommentar von *Mahmud* ibn *Mas'ud al-Shirazi* in Shiraz, Iran gedruckt.
2. *Kitab al-thalwihat al-lawiyyah wal-'arshiyya* (das Buch der Anspielungen auf Gottes Geheimnisse und Seinen Thron).
3. *Kitab al-muqawamat* (das Buch der Gegensätze).
4. *Kitab al-mashari wal-mutarahat* (das Buch der Wege und der Gespräche).

(Die drei letzeren befassen sich mit Abwandlungen der Aristotelischen Philosophie und wurden von Henry Corbin unter dem Titel *Majmu'ah fil-hikmat al-ilahiyyah* [Istanbul, 1945], veröffentlicht).

5. *Hayakal al-nur* (Die Gestalt des Lichts), das vorliegende Werk, ursprünglich auf Arabisch geschrieben, aber auch auf Persisch existierend, wurde erstmals im 17. Jahrhundert von *Ismail Ankaravi* ins Türkische übersetzt, dann nochmals im Jahr 1924 von *Yusuf Ziya*, sowie im Jahr 1960 von *Saffet Yetkin*. Diese türkischen Übersetzungen bilden die Grundlage dieser Interpretation.
6. *Kitab al-lamahat fil-haqa'iq* (Lichtblitze der Wahrheiten), ein Buch über Physik, Metaphysik und Logik.
7. *Al-alwah al-'imadiyyah* (Tafeln für *'Imaduddin*), ein Buch über die Philosophie der Erleuchtung.
8. *Fi I'tiqad al-hukama'* (Über den Glauben der Philosophen).
9. *Yazdan shinakht* (Über das Wissen von Gott), auf Persisch.
10. *Bustan al-qulub* (Der Garten der Herzen).

---

3 Siehe das Kapitel über die Ideen und Schriften von Suhrawardi in Seyyed Hossein Nasrs *Three Muslim Sages* (Cambridge, Harvard University Press, 1964). Pp. 52-82.

Daneben gibt es andere Werke, mystische Romane, die die Reise der Seele durch den Bereich des Lichts beschreiben und dabei viele Sufigedanken und Reinigungspraktiken beinhalten. Die meisten davon sind in Persisch, einige wenige in Arabisch.

11. *Aql-i surkh* / Der Rote Erzengel; buchstäblich: Der Rote Intellekt).
12. *Aswat al-ajnihati Jibra'il* (Der Klang von Gabriels Flügel).
13. *Al-ghurbat al-gharbiyyah* (Das Westliche Exil).
14. *Lughat-i muran* (Die Sprache der Termiten).
15. *Risalah fi halat al-tifuliyyah* (Abhandlung über die Zustände der Kindheit).
16. *Ruzi ba jama'at-i Sufiyan* (Ein Tag in der Gemeinschaft der Sufis).
17. *Risalah fil-mi'raj* (Abhandlung über die Himmelfahrt des Propheten).
18. *Safir-i simurgh* (Das Lied des Greifen).

Daneben gibt es andere Werke, Übersetzungen und Kommentare über Philosophie, insbesondere über *Ibn Sina* (Avicenna).

19. *Risalat al-tair* (Abhandlung über den Spirituellen Flug), eine Übersetzung.
20. *Isharat* (Ratschläge), ein Kommentar.
21. *Risalah fi haqiqat al-'ishq* (Abhandlung über die Realität der Liebe), beruhend auf *Ibn Sinas Risalah fil-'ishq*.

Es existieren noch weitere Werke mit Kommentaren über Koranverse und über Hadithe, über prophetische Traditionen und Bände von Gebeten und flehenden Bitten. In all diesen Werken erglänzt eine Weisheit, die die Lichter zahlreicher Traditionen widerspiegelt. Plato, Aristoteles, Empedokles, Pythagoras, Plotinus – der ganze Westen ist im Islam aufgelöst. Die Theorie von Plotinus über Ausstrahlung wird im Werk Suhrawardis zum Fluss des heiligen Lichts. Die Idee, die Plotinus durch Intuition erhielt, war das Licht der Lichter; dies war das heilige Geheimnis, das Suhrawardi durch spirituelle Reinigung erhielt.

Die angesammelten Belehrungen der Hermetik, die Weisheiten und die Gesetze des Hermes, der verschiedentlich als Alchemist im alten Ägypten vermutet wurde, dessen Weisheit von den *Sabii* von *Harran* behütet wurden; oder aber vom Prophet *Idris,* Gründer der Philosophie und der Wissenschaften; oder weiter von der Abfolge der Persischen Priester-Könige, *Gayumarth, Faridun, Kai Khusraw* – alles kam in der universellen Weisheit von Suhrawardi zusammen. Aber vor allem waren die Vorgänger von Suhrawardi frühe Vorbilder des islamischen Sufismus: *Abu Yazid al-Bistami* (gest. 261/874), *Mansur al-Hallaj* (gest. 309/992), *Dhul Nun al-Misri* (gest. 245/859) und *Sahl al-Tustari* (gest. 283/896). Suhrawardi selbst betrachtete diese frühen Sufis als seine unmittelbaren Vorgänger. Er schrieb von einem Traum, in dem er jemanden sah, den er für Aristoteles hielt. Er fragte ihn, ob gewisse Philosophen des Peripatetos wie *al-Farabi* und *Ibn Sina* wirkliche Philosophen des Islams seien. Der griechische Philosoph antwortete: »Nicht zu einem tausendsten Teil. Es sind viel mehr die Sufis *Bistami* und *Tustari,* die die wirklichen Philosophen sind.«

Auch *Al-Ghazali* (gest. 505/1111), der Katalysator des Sufismus und der islamischen Orthodoxie, beeinflusste Suhrawardi. Seine Ansichten in *Mishkat al-anwar* (Die Nische des Lichts) zeigen diesen Einfluss, wenn sie mit gewissen Konzepten der Theosophie der *ishraqiyyah* verglichen werden. Das Bild, das illustriert, dass alles von Gott kommt, wie Licht wellen von der Sonne ausgestrahlt werden, ist sowohl *al-Ghazali* wie auch Suhrawardi gemeinsam. *Al-Ghazali* zeigt in seiner Abhandlung *al-Risalat al-laduniyyah* (Abhandlung über die göttliche Natur), dass das Bewusstwerden von Gott und das Wissen über die göttlichen Geheimnisse nur durch Sufi-Übungen der Reinigung möglich sind. Die gleiche Begründung erscheint in Suhrawardis *Risalat al-tair* (Abhandlung über den spirituellen Flug), *Munis al-'ushshaq* (Der Vertraute der Liebenden), und *Aswat al-ajnihati Jibra'il* (Der Klang von Gabriels Flügeln).

Suhrawardi glaubte an die Schöpfung durch *sudur,* Ausstrahlung, aus einer zentralen Quelle: Gott. Er ist der Erste, das Licht des Lichtes, der *wajib,* d.h. die vorgängig vorhandene absolute Notwendigkeit, die grundsätzliche Ursache von allem, das *mumkin* ist, d.h. aller Möglichkeiten der Schöpfung, von der seine Existenz abhängt. Dieses Licht der Lichter erhellt alle Dinge und wird auf den Dingen gespiegelt: auf den Sonnen in den Himmeln, auf dem Feuer in den Elementen und auf der

Seele im Menschen. Die Schöpfung strahlt aus Gott heraus, dem Licht der Lichter, so wie die Strahlen des Lichtes der Sonne alles sichtbar machen.

Das erste geschaffene Wesen ist auch ein Licht, ein bewusstes Licht, ein einzigartiges und einheitliches Licht, unstofflich, ohne Vielfältigkeit, ein Licht, das sich selbst kennt und das den Ursprung seiner Erschaffung kennt. Es ist die wesenhafte Intelligenz, der vollständige Geist, der Vermittler und der Fürsprecher zwischen der Quelle des Lichts, dem Schöpfer, und dem erschaffenen Universum. Dies ist *al-nur al-Muhammadi,* das Licht Mohammeds, das Suhrawardi in diesem Buch *al-nur al-ibda'i,* das Schöpferische Licht nennt; in seinem *Hikmat al-ishraq* nennt er es *al-nur al-aqrab,* das Nächste Licht (zu seiner Quelle). In seinem *Talwihat* nennt er es *al-'aql al-kulli,* den Vollständigen Geist. In anderen Büchern wird Bezug genommen auf *al-nur al-awwal,* das Erste Licht, *al-shaykh,* der Lehrer, *al-jamal,* Schönheit, und so weiter. Der Grund dafür, dass einer Sache so viele verschiedene Namen gegeben wurden, liegt in Suhrawardis Wunsch, das *nur Muhammadi* in Begriffen jeglicher möglichen Gedankenart und Philosophie zu erklären, sowohl in der Befolgung von *kalam* oder *mashsha'iyyah,* als auch in der Philosophie von Plotinus oder Aristoteles. Dieses Erste Erschaffene Licht unterscheidet sich vom Licht der Lichter im Grad der Stärke seines Lichtes. Jedes Wesen von Licht ist schwächer als das, das ihm vorangegangen ist, so wie das Licht des Mondes schwächer ist als das Licht der Sonne, von der er das Licht empfängt. So wie das Licht andauernd von der Sonne ausgestrahlt wird, so geschieht die Schöpfung andauernd aus dem Licht der Lichter. So wie die Ursache endlos ist, so ist auch die Wirkung endlos. So wie der Schöpfer ewig ist, so ist das, was von ihm kommt, ewig. Existenz ist das Beste und das Wohltuendste. Sie kann keinesfalls vollendeter sein. Was immer existiert, ist die beste und schönste Existenz. Es gibt im Universum keine Hässlichkeit oder Schlechtigkeit, da alles eine Spiegelung Gottes ist.

Um die Verwirklichung des Göttlichen Lichts in sich zu erreichen, muss der Mensch einen spirituellen Kampf in sich führen. Die Begehren des Körpers sind die Gegner, die ihn an der Erleuchtung hindern. Der Mensch muss sich von der Dunkelheit des Fleisches und des Materialismus befreien, um das Licht der Wahrheit zu erreichen. Disziplin, Kontemplation, Gebet und Hingabe sind die Handlungen, um das Herz zu reinigen. Suhrawardi, der diesen Weg befolgte und für ihn eintrat, betonte auch die Notwendigkeit eines Führers oder eines Lehrers, dessen Leben auf Gottes Wille und Gottes Wohlgefallen ausgerichtet ist.

Suhrawardi sagt, dass jene, die ihr Leben in den Dienst Gottes stellen, geheimes Wissen erhalten, die Macht der Heiligkeit erreichen und Wunder wirken können. Das Beste solcher Wunder sind verschiedene Gestalten des Lichtes, die sich selbst dem Suchenden offenbaren. Es gibt verschiedene Abstufungen der Enthüllung dieses Lichtes:

1. Rasche, blitzartige Lichterscheinungen, die den Anfängern geschehen.
2. Längere anhaltende Perioden der Erleuchtung, die andauernd werden können; dies geschieht denen, die sich andauernd und hartnäckig in ihren Gebeten, Kontemplationen und Anstrengungen bemühen.
3. Enthüllende Lichter sind für jene, die auf dem wahren Weg fortgeschritten sind, für die die Auseinandersetzung mit dem Ich/Ego, die Kontemplation und das Bewusstsein des Schöpfers und die Hingabe eine natürliche Fähigkeit geworden ist.

Mit diesen Spirituellen Anstrengungen kann der Mensch auf das Niveau der Auslöschung angehoben werden, wo er den materiellen Geschmack der Welt, das Fleisch, das weltliche Wissen verlässt und alle Beziehungen mit dem Äussern abschneidet. Dann wird die Seele ein Spiegel, in dem sich Gottes Licht widerspiegelt, und dann sieht die Seele die Bilder des Lichts.

DIE GESTALT DES LICHTS

Hayakal al-Nur

EINFÜHRUNG

Bismillah al-rahman al-rahim

Ich beginne im Namen Gottes, des Gnädigen, des Barmherzigen.

Alle heiligen Geheimnisse – Gottes an die Menschen gerichteten Worte, auf hundert Tafeln der frühen Schriften, der Psalmen von David, der Thora und den Evangelien – sind im Koran enthalten. Die Ganzheit des Heiligen Korans ist in der Sure *al-Fatihah*, dem Eröffnungskapitel enthalten:

Im Namen Gottes,
des Erbarmers, des Barmherzigen!
Lob sei Gott, dem Herrn der Welten,
dem Erbarmer, dem Barmherzigen,
dem Herrscher am Tage des Gerichts!
Dir dienen wir und
zu Dir rufen wir um Hilfe.
Leite uns den rechten Pfad,
Den Pfad derer, denen Du gnädig bist,
nicht derer, denen Du zürnst,
und nicht der Irrenden.

Das Ganze der *Fatihah* ist in der ersten Zeile enthalten,

Im Namen Gottes,
des Erbarmers, des Barmherzigen,

und die Essenz von allem ist am Anfang des Anfangs enthalten, im ersten Buchstaben 'B' (ب), der das Geheimnis enthält:

Bi kana ma kana wa bi yakunu ma yakunu.
Was auch immer wurde, wurde aus Mir,
und was auch immer kommen wird, wird aus Mir kommen.

Die Essenz der Essenz ist im Punkt unter dem Buchstaben 'B' (ب).

Der Prophet Mohammed (ﷺ) sagte, *Ana madinat al-'ilm wa 'Ali babuha:* »Ich bin die Stadt des Wissens und 'Ali (Möge Gott an ihm Gefallen finden) ist das Tor dazu.« 'Ali, jenes Tor der Weisheit, bestätigte dies und sagte: »Ich bin der Punkt unter dem 'B', und *al-'ilmu nuqtatun,* »alles Wissen ist ein Punkt.«

Oh *Qayyum,* Oh Gott, der Selbstseiende, von Dem alle Existenz abhängt, gib uns Kraft mit Deinem Licht, jener reinen Intelligenz frei von aller Vorstellung, und bedecke uns mit Deinem Licht, jenem wahren Wissen, das in unseren Handlungen widerscheint. Führe uns zu Deinem heiligen Licht, das Deine Essenz ist.

Lass das schlussendliche Ziel aller unserer Wünsche Dein Wohlgefallen sein, und lass unseren letzten Wunsch sein, mit dem vollendeten Glauben und dem vollendeten Licht, das von Dir kommt, zu Dir zu kommen. Wir haben uns gequält; und uns in Dunkelheit eingeschlossen, und doch hast Du uns die Erleuchtung nicht vorenthalten. Wir sind Sklaven, angekettet in diesem dunklen Gefängnis der Materie. Wir warten vor Deiner Tür, betteln um Deine Gnade und um das Gute, das von Dir kommen wird, um uns zu retten.

Gutes, das von Dir kommt, ist Dein Wohlgefallen; Schlechtes, das von Dir kommt, ist Dein Urteil. Du bist mächtig und allgegenwärtig; Du schüttest Erleuchtung und Gnade auf alles Bestehende aus. Auch jene unter uns, die diese Welt und unser vergängliches Sein als einen Gott annehmen, ziehen Deine Rache und Deinen Zorn nicht auf sich. Segne uns mit der Weisheit, uns an Dich zu erinnern und Dich zu loben. Lüfte die Schleier des Unwissens zwischen uns. Gebe den Rechtschaffenen die Belohnung für ihre Hoffnungen. Möge Dein Segen auf den Propheten (ﷺ) und seine Familie herabregnen.

Dieses Werk wird *Hayakal al-nur* genannt: die Gestalten, die Formen, die Erscheinungen, die Gebäude des Lichts. So wie die alten Griechen die Sterne als materielle Körper von spiritueller Existenz sahen, so sind diese Gestalten des Lichts die Manifestation der Quelle allen Lichtes, das Heilige Licht.

Mögen die Seelen derjenigen Menschen geheiligt werden, die andere Menschen zur Wahrheit führen, und die das Geburtsrecht haben, den richtigen Weg zu bahnen. Der richtige Weg, der richtige Glaube ist das, was durch die Zeugen Gottes bewiesen wurde – den Propheten – und durch ihre Erben, den geliebten Liebenden Gottes – den Heiligen.

Licht über Licht!
Gott leitet zu Seinem Licht,
wen Er will.
(24:35)

DIE ERSTE GESTALT DES LICHTS

Erleuchtete Materie

Materie umfasst alles, was für ihre Existenz von der Wahrnehmung mit den Sinnen abhängig ist. In jedem Fall hat sie Länge, Breite und Tiefe. Diese Eigenschaften müssen beachtet werden, um einer Verwirrung in Bezug auf die Materie vorzubeugen. Es ist wichtig zu realisieren, dass die Intelligenz und die Seele, die unsichtbar sind, für ihre wahnehmbare Erscheinungsform von der Materie abhängig sind. Eine von Intelligenz und Seele erleuchtete Materie kann auf deren Essenz hinweisen.

Wir leben in der Welt der Wahrnehmung und unserer Sinne. Unser materielles Selbst ist von diesem Reich. Diese Welt der Sinne steht im Gegensatz zur Welt von *Malakut* – dem spirituellen Königreich von Gott, dass das Unsichtbare, das Spirituelle, die körperlosen Wesen und die Abstraktionen beinhaltet. Der Schlüssel zur Weisheit der inneren Bedeutung liegt in der Kenntnis und der Fähigkeit, die materielle Welt von der spirituellen Welt zu unterscheiden.

Was den materiellen Dingen gemeinsam ist und was unter ihnen eine Einheit schafft, ist, dass sie alle Materie sind. Aber zwei Dinge, die eine gemeinsame Eigenschaft haben, können sich dennoch voneinander in anderen Aspekten unterscheiden. Im Falle von materiellen Dingen liegen die Qualitäten, die das eine vom anderen unterscheiden, in den ersichtlichen Formen. Sonst könnte ein Ding, das Teil der absoluten Wahrheit ist, nichts anderes als die Wahrheit sein.

Gemäss Definition ist die Zahl Vier eine gerade Zahl, womit sie in Beziehung zu allen anderen geraden Zahlen steht; der menschliche Körper definiert das menschliche Wesen und setzt es somit in Beziehung zu allen anderen menschlichen Wesen. Diese Eigenschaften scheinen für die Existenz der materiellen Dinge nötig zu sein. Diese gemeinsamen Eigenschaften der materiellen Dinge sind entweder eine absolute Notwendigkeit für ihre Existenz, *wajib,* oder aber eine Möglichkeit, *mumkin* (d.h. in manchen Fällen notwendig, in anderen nicht) , oder eine Unmöglichkeit, *mumtani',* d.h. ihre Existenz verneinend. Zum Beispiel ist es eine absolute Notwendigkeit für ein menschliches Wesen, einen Körper zu haben, es ist für einen Menschen möglich, zu sitzen oder zu stehen, und es ist für ihn eine Unmöglichkeit, ein Pferd zu sein.

Wajib, mumkin, und *mumtani'* sind Begriffe, die zur Wissenschaft der inneren Bedeutung gehören. *Wajib* bedeutet eine absolute Notwendigkeit. *Mumkin* bedeutet eine Möglichkeit, deren Chance zu existieren oder nicht zu existieren gleich gross ist. *Mumtani'* ist eine Unmöglichkeit, deren Nichtsein eine absolute Notwendigkeit ist.

Es ist nicht richtig anzunehmen, dass ein Ding oder eine Idee, die absolut unteilbar ist, in einem gegebenen Raum existieren kann. Die kleinste Einheit, die sich nicht mehr teilen lässt, das Atom, kann nicht einem besonderen Raum zugeordnet werden. Dieses Atom, das nicht geteilt werden kann, weder in der Theorie noch in der Realität, kann weder hier noch dort existieren und ist somit ohne Ort, so wie Gott, *al-Bari',* der Schöpfer von Formen und Gestalten, leer von Raum und Ort ist. Wenn solch eine unteilbare Einheit (auch wenn sie Teil von einer grösseren teilbaren Form ist), einem bestimmten Ort zugewiesen würde, wäre sie das Gegenteil einer anderen Einheit derselben Sorte, die einem dazu gegensätzlichen Ort zugewiesen würde. So würden sich die beiden Einheiten gegenseitig aufheben, ebenso wie sie die Vermutung aufheben würden, die diese Täuschung wieder fortsetzen will. Das unteilbare Atom ist die Essenz der materiellen Dinge, der kein bestimmter Ort zugewiesen werden kann. Die »Seele«, die »höchste Intelligenz«, und andere Namen und Eigenschaften dieses unteilbaren Atoms, der Essenz, können nicht einem Körper, einer Form oder Gestalt zugewiesen werden, obwohl ihre Existenz für ihre Manifestation von diesen materiellen Existenzen abhängen kann.

Gott der Grosszügige, der die Toten auferstehen lässt,
der Hüter allen Seins, der Allgegenwärtige

DIE ZWEITE GESTALT DES LICHTS

In drei Teilen

Erster Teil

Der Mensch kann seine Essenz niemals vergessen. Diese Essenz ist leer von allen Illusionen und Täuschungen, und sie ist die vollkommene Intelligenz. Aber das Tier im Menschen bildet sich seine Essenz ein. Darum ist die Essenz des Tieres materiell, sie ist nicht spirituell. Wenn das eigene Wesen zusammengesetzt wäre und aus Teilen bestehen würde, obwohl man dies gelegentlich vergisst, wie wäre es für einen möglich geworden, es nicht jederzeit zu vergessen? Du vergisst deinen Körper; du bist dir sicher nicht jederzeit aller Körperteile bewusst, obwohl du im Unbewussten immer deiner Essenz bewusst bist. Dies zeigt, dass deine Essenz nicht Teil deines materiellen Körpers ist. Wenn du »Ich« sagst, ist diese Identität etwas anderes und steht viel höher als irgendein Teil deines materiellen Seins oder das Ganze deines materiellen Seins.

Zweiter Teil

(Abhängig von zwei Voraussetzungen:
andauernde Veränderung der Materie,
und andauernde Beständigkeit der Essenz)

Dein Körper fliesst und löst sich fortwährend auf. Wenn die Nahrung, die du isst, nicht verdaut und aufgelöst worden wäre und deinen Körper nicht verlassen hätte, und wenn ihre Menge zu deiner materiellen Form hinzugefügt worden wäre, wäre dein Körper riesig geworden. Dein Körper befindet sich in fortlaufender Zersetzung. Wenn diese fortlaufende Geburt und Tod in deinem Körper nicht geschehen und deine Zellen sich vervielfältigen würden, so hätte deine Gestalt die Grösse eines Giganten.

Das, was unveränderlich, was immer lebend und unteilbar ist, ist das Gegenteil von dem, was sich verändert, sich teilt und sich auflöst. Die Essenz, dieses eine »Ich« in deiner Aussage von »Ich bin«, ist eine unteilbare, unveränderliche und ewige Einheit. Daher ist deine Essenz nicht körperlich und kann nicht Teil eines materiellen Wesens sein.

Solange deine Essenz in dir in einem Dauerzustand verwirklicht ist, solange bist du ewig du selbst, wohingegen du es mit diesem Körper nicht bist. Er verändert sich, er zersetzt sich, er stirbt; du weisst es nicht, du spürst es nicht. Wie könntest du dieser Körper sein? Du bist viel mehr als dies. Gott sagt in Seinem Heiligen Buch, dem Koran:

Aber Gott wird sie (plötzlich)
von hinten erfassen.
(85:20)

Dritter Teil

Der dritte Teil besteht aus drei Voraussetzungen:

- Man kann nicht wissen, was man nicht schon bereits weiss.
- Das Vernünftige ist nicht abhängig vom Ausmass: Wenn jemand an die Tierwelt als an einen gemeinsamen Faktor denkt, so ist die Grösse eines Elephanten nicht wichtiger als die Grösse einer Fliege.
- Das Abstrakte, das Nichtmaterielle kann nicht mit Masseinheiten begriffen werden.

So lange du nicht in deiner Vorstellung die Form von etwas bauen kannst, so lange kannst du es unmöglich kennen, weil die Verwirklichung einer Sache etwas entsprechen muss. Etwas zu verstehen, ist durch die Offensichtlichkeit von dessen Existenz in deinem Geist bedingt. Ein anderer Weg, eine Form durch vergleichendes Denken zu verstehen, besteht darin, ihre Eigenschaften zu betrachten, die sie mit anderen Dingen gemeinsam hat. Indem du gewisse Eigenschaften betrachtest, die viele Tiere gemeinsam haben, könntest du zum Beispiel darauf schliessen, dass ein Elephant und eine Mücke gleich sind.

In dieser Art des Denkens sind die Grössen der beiden Tiere nicht miteinander verglichen worden. Selbst wenn dies bei den Tieren so ist, dass ein grosses und ein kleines Tier beides Tiere sind, wie steht es um ihre Essenz? In jeder Existenz ist diese Essenz mit nichts anderem vergleichbar. Etwas, das nicht gemessen werden kann, kann sich nicht in Materie befinden, die gemessen werden kann. Deine Essenz, deine vernünftige Seele, ist weder materiell noch steht sie in Beziehung zur Materie. Sie ist frei von Zeit und Raum, daher kann sie von den Sinnen nicht wahrgenommen werden. Sie ist ein Licht, das von *Ahad,* dem Einen Gott, und von *Samad,* dem Absoluten Gott, erzeugt wurde [112:1 – 2]. Die Seele des Menschen wird die kosmische Vernunft genannt, und sie ist ein unteilbares Licht, das durch Mutmassungen des Menschen nicht erfasst werden kann; es ist das heilige Licht, das von Gott, dem Einen und Einzigen, von Gott, dem Ewigen und Absoluten, kommt.

Du weisst genug, um nicht zu behaupten, dass eine Mauer sieht oder nicht sieht, weil Sehen oder Nichtsehen Fähigkeiten sind, die jenem Teil der Schöpfung gegeben wurden, der Augen hat. Die rationale Seele des Menschen ist weder Materie, noch hat sie Bezug zu Materie. Weder ist sie Teil dieser Welt, noch ist sie davon ausgeschlossen. Weder ist sie abhängig von der Welt, noch ist sie davon unabhängig. Abhängigkeit und Unabhängigkeit sind Eigenschaften der materiellen Dinge.

Die vernünftige Seele (die kosmische Vernunft) ist eine Essenz des Lichts, die du nicht sehen kannst. Wie könnte ein heiliges Wesen wie dieses - das alle Materie kontrolliert und führt, das die Kenntnis von sich selbst besitzt und von allem, was in seinem Wesen enthalten ist, und das das Wissen von all dem hat, das einen Bezug zu seiner Essenz besitzt – materiell sein? Dieses heilige Dasein verlässt unter dem Einfluss der spirituellen Erhöhung und Verzückung diese Welt der Materie und strebt nach dem Unendlichen.

Diese vernünftige Seele hat ihre eigenen Kräfte der Verwirklichun die ihr helfen, die Dinge auf ihre Art und Weise zu sehen. Einige die er

Kräfte der Beobachtung sind offensichtlich und einige sind versteckt. Die offensichtlichen sind die fünf Sinne: Tasten, Schmecken, Riechen, Hören und Sehen. Die versteckte Kraft der Beobachtung ist eine geheimnisvolle Macht und wie ein Teich, in den die Beobachtungen der fünf Sinne fliessen: ein gemeinsames Bewusstsein. Eigentlich ist es die Kraft, die Traumhaftes erfährt, das nicht aus der Vorstellung stammt.

Eine weitere versteckte Kraft ist die Kraft der Vorstellung; diese ist gleichsam die Quelle dieses gemeinsamen Bewusstseins. Es ist die Kraft, die die Erfahrungen bewahrt, nachdem diese durch die Sinne wahrgenommen wurden. Noch eine weitere dieser versteckten Kräfte ist die Fähigkeit der Vernunft, die Kraft der Gedanken. Die Analyse durch Unterteilung eines Ganzen in seine Teile und die Sammlung der Teile zu einem Ganzen, die Ableitung des Allgemeinen vom Besonderen, das Ergebnis einer bestätigenden Schlussfolgerung, all dies geschieht durch diese Kraft.

Noch eine andere Kraft ist die Kraft der Vermutung, die zu Täuschungen und Wahnvorstellungen führt und so die vom Geist bestätigten Aussagen verneint. Es ist eine üble Kraft, die den Menschen in die Irre führt, weg von dem, was der Geist einbringt, weg von Ehrlichkeit, Grosszügigkeit, Gerechtigkeit, Tapferkeit, Freigebigkeit. Der Geist weiss, dass sein Ursprung nicht nur im Bereich der fünf Sinne ist, sondern zur immateriellen Welt gehört. Mit der Erhöhung von Vernunft und Spiritualität schwächt der Geist seine Abhängigkeit vom Körper und wünscht, in den Bereich der Seele und der Essenz zurückzukehren. Die Macht der Vermutung jedoch betrachtet sich als aus dem gleichen Material und auf der gleichen Ebene wie der Geist, und beteiligt sich daher an Auseinandersetzungen und Streitigkeiten. Wenn der Geist zum Beispiel behauptet, dass jenseits des Bereichs von Vernunft es weder etwas gebe, noch dass da ein totales Vakuum sei, so sagt die Kraft der Vermutung: »Nein, jenseits der Welt der Vernunft ist entweder ein unendliches Vakuum, oder es gibt dort Jedes und Alles.«

Um ein Beispiel des Streits zwischen der Kräften der Vermutung und des Geistes zu geben: Wenn jemand eine Nacht mit einer Leiche allein gelassen wird, so würde der Geist einen beruhigen, während die Wahnvorstellung einen zutiefst ängstigen würde. Die Einbildung spielt ihre Tricks speziell in Angelegenheiten aus, die von den Sinnen nicht deutlich wahrgenommen werden. Eigentlich lehnt sie alles ab, was nicht wahrnehmbar ist. Sie kann nicht wissen, dass der Geist und die Seele nur deswegen als unfähig erscheinen, Dinge direkt wahrzunehmen, weil diese stofflich zu grob und sie selbst nicht aus dem gleichen Material gemacht sind. Die Fähigkeit der Täuschung ist sich nicht bewusst, dass sie für immaterielle Dinge grundsätzlich blind ist. Materie kann nur das erkennen, was an der Wasseroberfläche ist, nicht aber die unter der Oberfläche versteckte Tiefe.

Eine andere versteckte Kraft der Beobachtung ist die Kraft der Erinnerung. Sie bewahrt alles auf, was geschehen ist, und erinnert sich daran.

Alle diese versteckten Kräfte sind Energien, wobei jede ihren eigenen Platz im Gehirn hat. Wenn es an diesem Ort eine Störung gibt, so ist die dazugehörende Energie auch gestört, während die anderen Fähigkeiten an ihrem jeweiligen Ort sicher und geschützt bleiben. So wurde gezeigt, dass jede dieser Fähigkeiten sich von den anderen unterscheidet und dass sie zu unterschiedlichen Orten im Gehirn gehören.

In Tieren und im tierischen Anteil des Menschen gibt es einen ursprünglichen Trieb, der sich gabelt: Auf der einen Seite in die sexuelle Energie, die dasjenige anzieht und verlangt, was angenehm ist. Auf der andern Seite in Negativität oder Zorn, die dasjenige abstossen, was unangenehm ist. Das Tier hat auch eine Energie für den Kampf zur Selbsterhaltung. Es ist die Tierseele sowohl im Tier als auch in der niederen Seele des Menschen, die diese Energien enthält. Sie ist ein nebelhafter Stoff, der aus Galle, Sex, Blut und Schleim besteht. Sie wird in der linken Herzkammer gebildet und empfängt etwas Energie vom Licht der menschlichen Seele.

Die Tierseele, der Körper und das Ego sind stofflich, ein Teil der erschaffenen Welt. Die menschliche Seele ist ein Teil des Göttlichen und steht unter dem direkten Befehl von Gott. Nur mit Hilfe der Erleuchtung, die sie von der menschlichen Seele empfängt, kann die Tierseele sich im Geist manifestieren.

Und sie werden dich über den Geist befragen.
Sprich: ›Der Geist ist eine Angelegenheit meines Herrn.‹
(17:85)

Vom höchsten herab bis zum tiefsten gibt es folgende Bereiche oder Zentren im Menschen: das Göttliche Zentrum, das Zentrum des Geistes, das Zentrum des Egos, das Zentrum der Energien und das stoffliche Zentrum.

Der Beweis, dass die Tierseele die feine Qualität von Dunst hat, obwohl sie geschaffene Materie ist, liegt darin, dass sie im Körper durch feine Kanäle fliessen muss. Wenn eine Blockierung in diesen Kanälen vorhanden ist, stirbt der Körper tatsächlich um den jeweiligen Kanal herum ab. Die Tierseele dient der menschlichen Seele als Lasttier und versieht sie mit jenem feinen Zustand, der nur durch Übung der Fähigkeit der Vernunft, empfangen durch die Erleuchtung der menschlichen Seele, erhalten werden kann. Sie verliert die Verbindung und wird unabhängig, wenn sie auf diese Fähigkeit der Vernunft verzichtet. Die Triebseele steht im Gegensatz zur Heiligen Seele, der höchsten aller Seelen im Menschen. Die Beschreibung der Heiligen Seele folgt im Kapitel über die Seelen der Propheten.

Die menschliche Seele ist ein heiliges Licht unter den heiligen Lichtern Gottes, die keine Dimension und keinen Ort hat. Sie steigt von Gott auf und wird in Gott untergehen. Sie ist die Entschlüsselung des Geheimnisses des heiligen Hadith:

Kuntu khanzan makhfyyian
fa khalaqtu al-khalq,

Ich war ein versteckter Schatz;
Ich sehnte mich danach, erkannt zu werden,
da erschuf Ich die Welt.

Als unter den Menschen einige bemerkten, dass die Seele nicht materiell war, wurden sie dazu verleitet zu denken, dass sie Gott sein müsse, und fielen in den Abgrund der Gotteslästerung. Gott ist Eins, Einzig. Wenn die Seele von *Zayd* und *'Amr* ein- und dieselbe Seele wäre, dann würde im Falle, in dem der eine etwas erkannt hat, der andere dies auch erkennen. Und wenn also einer etwas weiss, so wüsste es die ganze Menschheit. Dem ist jedoch nicht so. Ausserdem: wie könnte dieser materielle Körper und seine Energien und Kräfte Gott den Höchsten enthalten und beeinflussen?

Andere Leute dachten, dass die menschliche Seele wenn nicht Gott selbst dann ein Teil von Gott sei, und sie irrten. Da Gott nicht materiell ist, wie könnte Er teilbar sein, und wer oder welche Kraft könnte Ihn zerreissen?

Andere dachten, dass die menschliche Seele ewig sei, so wie Gott ewig ist, und dass sie unabhängig sei. Wenn dies so wäre, wer ist es, der die Seele von ihrem heiligen Ort wegnimmt, der sie in den Bereich des Lebens bringt, der sie dann aus dieser Welt entfernt und in die Welt von Tod und Dunkelheit bringt? Wie kann die Kraft eines neugeborenen Säuglings die Seele aus der Welt des Lichts und der Heiligkeit locken? Wie unterscheiden sich die Seelen im Bereich des Ewigen voneinander? Sie sind sich ähnlich, nehmen aber weder Raum noch Ort ein. Bevor sie nicht Gestalt in einem materiellen Körper annehmen, haben sie keine Handlungen oder Reaktionen. Auch haben sie keine Eigenschaften, die sie erst erworben haben, nachdem sie sich in einem Körper befinden. Wie unterscheiden sie sich also? Es kann nicht sein, dass es eine einzige Seele gibt, die auf die Körper aufgeteilt wird. Denn etwas, das keinen materiellen Körper hat, kann nicht aufgeteilt werden. Die Seele steigt einfach in den Körper hinab, wenn der Körper für ihren Empfang vorbereitet ist.

Wie du weisst, verliert die Flamme eines Streichholzes nichts, wenn es etwas Brennbares anzündet. Eine Seele wird in einen Körper eintreten, wenn der Körper die Fähigkeit hat, sie zu empfangen, ohne dass der Stifter der Seele an den Körper deswegen etwas verliert. Der Eine, der die Seele machte, Er ist der Schöpfer von allem, der Barmherzige, der Eine, der uns näher ist als wir selbst, der Allmächtige, der Heiligste.

Er ist Gott, neben dem es keinen Gott gibt, der Wohltätige, der Gnädige, der König, dem das Universum gehört und der es regiert, der Reine frei von allen Fehlern, Schwächen, Mängel und Unachtsamkeiten, der Gewährer vollständiger Sicherheit, der Urheber des Friedens.

DIE DRITTE GESTALT DES LICHTS

Einige Fragen, die zu erwägen sind.

Es gibt in Bezug auf den Begriff der Existenz drei Dimensionen des Geistes: *wajib,* das Notwendige; *mumkin,* das Mögliche; *mumtani',* das Unmögliche. *Wajib* ist eine Existenz, deren Sein zwingend ist; *mumkin* ist jenes, dessen Existenz oder Nicht-Existenz nicht zwingend ist; *mumtani'* ist jenes, das nicht existieren darf. *Mumkin,* das Mögliche, falls hinzugefügt zu einer weiteren Möglichkeit, kann entweder *wajib,* notwendig, oder *mumtani',* unmöglich werden.

Ursache ist das, wodurch die Existenz von etwas notwendig wird. Das Mögliche kann durch sich selbst nicht existieren, wäre nämlich seine eigene Existenz genügend für sein Sein, so wäre es nicht möglich sondern notwendig. Daher muss es eine Ursache geben, damit das Mögliche existieren kann. Wenn die Ursache vollständig verwirklicht ist, wird diese Wirkung erzielt. Damit irgend etwas existieren kann, dessen Existenz von Wille, Zeit, Raum, Verbindungen und Potential abhängt, müssen diese zu Ursachen seiner Existenz werden. Wenn die Ursache nicht vollständig verwirklicht ist, kann die Wirkung nicht vollständig verwirklicht sein. Wenn alle Gründe und Bedingungen vorhanden sind, die für die Existenz dieses Dinges notwendig sind, und wenn alle Gründe und Bedingungen entfernt sind, die für die Existenz dieses Dinges unnötig sind, dann ist die Existenz dieses Dinges *wajib,* notwendig.

Wenn die Ursache klar ist, und einige Bewertungen des Möglichen positiv sind, so wird die Wirkung deutlich. Zu Beginn des Prozesses der Konzeption kann die Wahrnehmung des Offenkundigen, das eigentlich zur Ursache passen sollte, eine Wirkung erzeugen, die von der Ursache verschieden ist. Jene, die diese Aussage annehmen, erklären Gott, den Selbstseienden, mit dem Hadith *kana Allahu wa lam yakun ma'ahu shay':*

»Gott war, als nichts anderes war.« Gott ist die Ursache der Schöpfung, aber Er ist nicht bedürftig für irgendetwas anderes als für Sich Selbst. Daher unterscheidet Er Sich von der Schöpfung, ist jedoch mit der Schöpfung untrennbar verbunden.

Gott der ewig lebendige Eine, der Besitzer allen Wissens und aller Macht, der Selbsterhaltende, durch den alles lebt, der Alldurchdringende, der Einzige Eine, ohne ähnliche Gesellschafter.

DIE VIERTE GESTALT DES LICHTS

In Fünf Abschnitten

Erster Abschnitt

Zwei Dinge können nicht gleichzeitig *wajib,* notwendig, sein. Wenn die Existenz zweier Dinge notwendigerweise gemeinsam und gleichzeitig wäre, dann wären ihre Existenzen gemeinsam und voneinander abhängig. Damit sie getrennt werden können, ist es für sie notwendig, einen Unterschied zu haben. Wenn das eine oder beide Dinge von der Notwendigkeit eines Unterschiedes abhängen, dann sind ihre Existenzen *mumkin,* möglich, aber nicht notwendig oder absolut.

Es ist unmöglich, sich zwei Dinge vorzustellen, die sich nicht unterscheiden lassen. Wenn es zwischen ihnen keinen Unterschied gibt, so sind sie ein und dasselbe. Es gibt viele Arten von Materie in verschiedenen Erscheinungen und Bedingungen, aber es gibt nur ein *wajib,* die Existenz der absoluten Notwendigkeit. Die Existenz von allem anderen ist eine Möglichkeit, die eine Kraft bedingt, die ihre Existenz gegenüber ihrer Nichtexistenz durchsetzt.

Diese unübertroffene Kraft ist der Schöpfer, der Selbstseiende, dessen Existenz die eine und einzige notwendige Existenz, *wajib,* ist. Der Eine, dessen Existenz die Absolute Notwendigkeit ist, kann nicht aus Teilen zusammengesetzt sein. Auch wenn solche Teile denkbar sind, so sind sie nur als eine einzige Lösung denkbar, in die sich alles auflöst, und diese Teile können nie für sich *wajib,* notwendig, sein, da es nur eine einzige Notwendigkeit gibt, von der alles abhängt.

Sifat, die beschreibenden Eigenschaften dieser absoluten Notwendigkeit, können nicht aus sich selbst eine Notwendigkeit sein, weil die Eigenschaften der schönsten Namen Gottes, des Schöpfers, dasselbe sind wie Seine Essenz und daher untrennbar. Wenn die Eigenschaften des Einen, des Einzigen, der absoluten Notwendigkeit ihrerseits selbst notwendige Existenzen wären, so hätten sie keine Abhängigkeit von einer Notwendigkeit erfordert, wohingegen die absolute Notwendigkeit von ihren Eigenschaften nicht abhängt. Der Eine und Einzige, dessen Existenz die absolute Notwendigkeit ist, enthält Seine Eigenschaften nicht; auch wäre es nicht zulässig, dass Er Seine eigenen Eigenschaften erfindet. Ein Ding, das selbstexistent ist, steht nicht unter dem Einfluss von irgendetwas anderem noch von sich selbst.

Wären wir in bewusstem Besitz und Kontrolle unserer Körper, oder von einem Teil unserer Körper, so würden wir sehen, dass das, was sie tun, etwas anderes ist als das, was zu tun sie in der Lage wären, solange jene eine und einzige Notwendigkeit jederzeit und unter allen Bedingungen dieselbe sein muss, da sie immer bewusst, frei von Vielzahl und frei von allen Unvollkommenheiten ist.

Der Mensch ist der Mikrokosmos, das Universum der Makrokosmos. Was immer im einen existiert, existiert im anderen. Die vereinigende Ebene von allen ist *al-'aql al-awwal,* die erste Ursache, die absolute Notwendigkeit, die die Seele von beidem ist. Sie ist auch die universelle Vernunft, die allererste Schöpfung Gottes.

Von zwei existierenden Wesen steht dasjenige höher, das nur für sich selbst existiert. In einem Hadith heisst es: »Gott schuf das Universum für den Menschen, und den Menschen für sich Selbst.« Wie könnte jemand, der nicht vollständig vollkommen wäre, einem anderen Vollkommenheit vermitteln? Alles, was eine Zusammensetzung von vielerlei Elementen ist, gehört in Beziehung zu dem, dessen Existenz eine absolute Notwendigkeit ist, in den Bereich des Unmöglichen.

Es gibt zu Gott, dem Schöpfer, nichts Gleichwertiges und nichts Gegensätzliches und keine Beziehung zu irgendeinem Ort oder zu einer Dimension. Er genügt sich vollständig selbst und ist vollständig in seiner Vollkommenheit, überaus erhaben und Besitzer allen Lichts. Er ist keine Erscheinung, die das bedingen würde, was in Ihm offenbar ist. Er ist keine Essenz, die mit anderen Essenzen verglichen werden kann. Alle anderen Dinge, in ihrem Mangel an Ähnlichkeit, bezeugen Ihn, die Existenz der Absoluten Notwendigkeit, die Erste Ursache, die sie existieren lässt.

Stofflichkeit ist keine ursächliche Bedingung für die ganze Vielfalt der Existenz. Tatsächlich haben die Dinge ihre Eigenheiten, ihre Formen, ihre Grössen, ihre Ausdrucksweisen, ihre Bewegungen und ihre Handlungen, die sich voneinander unterscheiden, und sie haben unterschiedliche Ebenen, die wir mit der Ordnung des Universums vergleichen können. Dies beweist, dass eine Kraft, die von ihnen verschieden ist, für ihre Schöpfung verantwortlich ist. Wenn zum Beispiel ihr materielles Sein die gemeinsame ursächliche Eigenschaft wäre, so würden solche Kontraste und Konflikte zwischen ihnen nicht erscheinen.

Zweiter Abschnitt
Bestimmung der Gestalt des Lichts

Die Gemeinsamkeit von stofflichen Dingen ist, dass sie materiell sind. Jedes Material unterscheidet sich jedoch von jedem anderen durch seine Erscheinung von Licht, das von ihm ausgeht. Dieses Licht gehört nicht zu diesen materiellen Dingen; es wird von woanders empfangen und wird auf ihnen gespiegelt. Das Licht, das in materiellen Dingen erscheint, ist die einzige mögliche Gestalt des Lichts, weil jenes Licht, das keinen materiellen Dingen eigen ist, auch sich selber nicht eigen ist, sondern von etwas anderem abhängt. Wäre es nur von sich selbst abhängig, wäre es das Licht als solches.

Die Seele des Menschen ist in sich selbst offenkundig, weil sie aus dem Licht ist, das in sich selbst existiert. Aber, wie wir schon gezeigt haben steigt die Seele in den Körper hinab, es gibt eine höhere Kraft als sie und materielle Dinge verursachen ihre Existenz nicht. Materie kann nicht die Ursache der Existenz eines anderen materiellen Dinges sein, weil ein Ding nicht für die Existenz eines anderen Dinges verantwortlich sein kann, dessen Existenz höher ist als die seine. Ein einziges Licht ist nötig, um materiellen Dingen Erleuchtung zu geben und damit ihre Existenz zu erhöhen. Dieses Licht ist die Absolute Notwendigkeit, die Erste Ursache, *al-Hayy,* der Ewiglebende, *al-Qayyum,* der Selbstseiende.

Das Selbst, das Ego, bezeugt in seiner beschränkten Gestalt die Existenz dieser Heiligen Absoluten Notwendigkeit. Sie ist das Licht allen

Lichtes, sichtbar für sich selbst, durch sich selbst, frei von allen Abhängigkeiten und Beziehungen zu Materie und dem Sichtbaren. Es wird für uns unsichtbar und ist durch die überwältigende Stärke seiner Intensität für uns verschleiert.

Dritter Abschnitt

Es ist wesentlich, dass diese übermächtige spirituelle Macht, die die Eine (Einzige und Alleinige) ist, in welcher Art sie sich auch immer zeigt, kein Bedürfnis nach einer Ursache für die Existenz ihrer Essenz hat, so wie es andere Existenzen haben; auch braucht sie nicht in mehreren Formen zu erscheinen. Daher hat sie keine Ähnlichkeit mit anderen Existenzen. Wenn die Voraussetzung für die Existenz einer Sache sich von der unterscheidet, die eine andere Existenz verlangt, dann sind sie voneinander verschieden, da ihre Voraussetzungen einander nicht entsprechen. Dies ist der Grund und Ursprung der Vielfältigkeit. Es ist wesentlich für die Absolute Notwendigkeit, für die Erste Ursache, dass sie keinen Aspekt der Vielfalt haben darf. Diese Absolute Notwendigkeit, die unentbehrlich ist für die Existenz von allem anderen, ist nicht materiell. Daher kann sie keine Aspekte haben, die nicht einander entsprechen. Sie ist weder eine Form, noch eine Gestalt, noch ein Zustand, noch eine Befindlichkeit, die auf einen Raum und einen Ort angewiesen ist. Sie ist keine Seele, die einen Körper als Wohnsitz braucht. Wenn wir eine nichtstoffliche Existenz annehmen, die ein wissendes Licht ihres Schöpfers ist, der es ohne Vorlage erschuf, dann ist eine erhabenere Existenz als jenes Licht unmöglich. Es ist der Gipfel von allem, was möglich ist. Diese Essenz ist möglich durch sich selbst und in sich selbst, und, durch ihre Beziehung zu dem Einen, der ihr vorangeht, wird sie notwendig. Sie empfängt die Würde, von Ihm, der ihr vorangeht, beobachtet zu werden, und wird so selbst eine heilige Quelle. Aber im Vergleich mit der Majestät des Ersten Lichtes realisiert sie ihre Schwächen, sie verwandelt sich in vergeistigte Körper und Gestalten. Daher ist die zweite heilige Essenz als ein Wesen anzusehen, das zwischen der absoluten Essenz, die darüber steht, und den vergeistigten Körpers, die darunter sind, angesiedelt ist.

So werden die körperlosen heiligen Intelligenzen, die Himmel und die Firmamente gebildet. Obwohl diese immateriellen Existenzen alles aktive Kräfte sind, sind sie weiter nichts als das Mittel, durch die die Erste, Eine und Einzige heilige Quelle ihre Grosszügigkeit erweist. Es ist der Eine, der alles bewegt, dreht und anhält. Es ist der Eine, der für alles zuständig ist. So wie ein starkes Licht es einem kleinen Licht nicht gestattet zu scheinen, so wird der Eigentümer der übermächtigen Macht, dessen Existenz für die Existenz aller notwendig ist, die Erste Ursache, die eine Einzige Heilige Quelle, es nicht zulassen, dass Ihre Untergebenen das Universum eigenständig erleuchten. Das Ausmass ihrer Erleuchtung und die überwältigenden Kräfte ihrer Vollendung sind jenseits der Unendlichkeit. Ihre Wirklichkeit überwiegt alle Wirklichkeiten.

Letzter Teil des Dritten Abschnittes,
und Beginn des Vierten Abschnittes

Das Universum ist in drei Teile aufgeteilt. Der erste wird von den alten Philosophen wie Aristoteles, Sokrates und Plato der Bereich des Geistes genannt. Dieser Bereich, *al-nur al-Muhammadi,* der zuerst geschaffen wurde, wird auch *'aql al-kull,* der Absolute Geist, genannt, der das Potenzial aller Existenz beinhaltet. Gemäss den alten griechischen Philosophen ist dieser Bereich aus drei Aspekten zusammengesetzt: Der erste ist seine Existenz, der zweite seine Abhängigkeit seiner Existenz von einer schöpferischen Kraft, und der dritte Aspekt ist, dass sein Wesen eine mögliche Existenz ist, die alle anderen Möglichkeiten beinhaltet.

Aus seinem Aspekt der Existenz wird der Geist geschaffen. Aus seiner Abhängigkeit von einer schöpferischen Kraft wird das Selbst, *nafs,* geschaffen. Aus seinem Aspekt, eine mögliche Existenz zu sein, die alle anderen Möglichkeiten beinhaltet, wird die Materie geschaffen. Der Prophet (ﷺ) sagt: *Awwalu ma khalaqa Allahu al-'aql,* »Die erste Schöpfung Gottes ist der Geist.« Dies ist *'aql al-kull,* der Absolute Geist, der Bereich des Geistes, der *logos* der alten griechischen Philosophen.

Der Geist, der aus diesem Aspekt der Existenz geschaffen wurde, hat zwei Ebenen. Die niedere Ebene ist *'aql al-ma'ash,* die gewöhnliche Intelligenz, die die Angelegenheiten der materiellen Welt erkennt. Der höhere Geist ist *'aql al-ma'ad,* die göttliche Intelligenz, die die spirituellen Dinge erkennt, und deren grundsätzliche Aufgabe es ist, den Menschen durch die Erkenntnis des Mysteriums *man 'arafa nafsahu faqad 'arafa rabbahu,* »wer sich selbst kennt, kennt seinen Herrn« zur Erkenntnis von Gott zu führen.

Gemäss den alten griechischen Philosophen liegt alle nichtstoffliche Essenz, die nicht durch die Sinne wahrgenommen werden kann und die keine Verbindung mit materiellen Existenzen hat, innerhalb des Bereichs des Geistes. Der zweite Abschnitt des Universums ist der Bereich der *nafs,* das Selbst (die Seele der geschaffenen Dinge). Die Kraft und die Vollkommenheit von *al-nafs al-tabi'i,* der Seele der Natur, die das geschaffene Wesen zusammenhält und vor dem Zerfall schützt, und von *al-nafs al-nabati,* der Seele der Vegetation, helfen dem geschaffenen Wesen, sich zu entwickeln, zu wachsen und sich zu vermehren. *Al-nafs al-haywani,* die Tierseele, hilft dem geschaffenen Wesen sich zu bewegen, wahrzunehmen und einen begrenzten Willen zu haben. Wenn diese Seelen vom geschaffenen Wesen abgetrennt werden, tritt der Tod ein.

Der Bereich der *nafs* schliesst *al-nafs al-natiqah,* die menschliche Seele, ein. *Al-nafs al-natiqah* ist göttlichen Ursprungs, weil Gott sie mit Seinem Atem in Adam (عليه السلام)[4] einblies, als Er ihn aus Erde, Wasser, Feuer und Äther schuf. Gott sagt in einem *Hadith qudsi:*

Wa naffastu fihi min ruhi,
Und Ich atmete Meine Seele in ihn.

Al-nafs al-natiqah ist jene Kraft und Perfektion, die den Menschen befähigt zu denken, zu urteilen, zu bezeugen und zu sein.

Sie entwickelt sich in sieben Stufen, ausgehend von *al-nafs al-ammarah,* der im Koran erwähnten beherrschenden Seele:

4 عليه السلام, Friede sei mit ihm, eine Abkürzung, die die Erwähnung von Propheten und Gesandten begleitet.

Inna al-nafsa la-ammaratun bil-su',
Seht, der Mensch ist zum Bösen geneigt.
(12:53)

Dies ist die unerneuerte, sündhafte menschliche Seele, die ihre Befriedigung im niederen irdischen Verlangen sucht.

Die zweite ist *al-nafs al-lawwamah,* die Seele des Gewissens, erwähnt wie folgt:

Wa la-uqsimu bil-nafs il-lawwamah,
Und nein! Ich schwöre bei der sich selbst anklagenden Seele.
(75:2)

In diesem Stadium ist die Seele in der Lage, Gut und Böse zu beurteilen. Sie ist sich der Sünde bewusst und widersteht ihr manchmal. Sie nimmt ihre Schuld an, sie bereut und versucht, sich zu bessern.

Die dritte Stufe ist *al-nafs al-mulhimah,* die erleuchtete Seele, erwähnt wie folgt:

Wa nafsin wa ma sawwaha fa alhamaha,
fujuraha wa taqwaha,
Bei der Seele, und was sie ebenmässig bildete und ihr ihre Schlechtigkeit ebenso eingab wie ihre Gottesfurcht.
(91:7-8)

Auf dieser Ebene weiss die Seele durch Eingebung, was richtig und was falsch ist, und sie gehorcht der Stimme ihres Gewissens.

Die vierte Stufe ist *al-nafs al-mutma'innah,* die Seele von Glückseligkeit und Erlösung, im Koran wie folgt erwähnt:

ya ayyuha al-nafs al-mutma'innah, irji'ila
rabbiki radiyatan mardiyyah,

Oh, du Seele voll Ruhe,
kehre zu deinem Herrn zurück, zufrieden und (Ihn) zufriedenstellend.
(89:27–28)

Die fünfte Stufe ist *al-nafs al-radiyah,* die Seele der vollständigen Unterwerfung, die Seele des wirklichen Muslim, desjenigen, der sich unterwirft. Sie wird wie folgt erwähnt:

Radiya Allahu 'anhum wa radu 'anhu,
Wohlgefallen hat Gott an ihnen,
und sie sollen an Ihm Wohlgefallen finden.
(5:119)

Dies ist die Seele, die Gottes Willen annimmt, damit zufrieden ist und sich ihm unterwirft.

Die sechste Stufe ist *al-nafs al-mardiyyah,* die Seele, die dem Schöpfer nahe steht, und an der Gott Wohlgefallen empfindet, so wie in den Suren 89:27-28, 5:119, und 98:8 erwähnt. Dies ist die Stufe, auf der die Seele das Wohlgefallen Gottes erhält und das Wohlgefallen gegenseitig ist. Die Seele ist vollständig mit Gottes universellem Willen vereint, sie verliert ihren eigenen Willen und ist im Zustand von *fana fillah,* in Gott verloren.

Die letzte Stufe von *al-nafs al-natiqah,* der menschlichen Seele, ist *al-nafs al-zakiyyah* oder *al-nafs al-kamilah,* die gereinigte, die vollkommene Seele, im Koran wie folgt erwähnt:

Qad aflaha man zakkaha,
Wohl ergeht es dem, der sie läutert.
(91:9)

Dies ist die Seele von *al-insan al-kamil,* dem vollkommenen Menschen, so wie der Mensch sein sollte, der Mikrokosmos des ganzen Universums, der alles enthält, was im Universum ist.

Die Welt von *nafs,* dem Selbst, und die Welt von *al-nafs al-natiqah,* der Seele des Menschen, haben keine eigene Gestalt und keine eigene Dimension, aber sie bewohnen stoffliche Formen und existieren innerhalb der Welt der Materie. *Al-nafs al-natiqah,* die menschliche (oder die vernünftige) Seele, existiert innerhalb spiritueller Wesen, innerhalb des Himmelsgewölbes und der Menschheit, und es gibt davon zwei Arten. Die eine, die in Körpern wohnt, gibt es ebenfalls in zwei Arten, der vergeistigten und der elementaren. Das höhere und stärkere Licht ist *al-ruh al-qudus,* der Heilige Geist, den die Philosophen *al-'aql al-fa'al,* den Tätigen Geist nennen, der wie ein mitfühlender Vater das menschliche Mysterium führt, den menschlichen Geist ernährt und uns zu vollendeter Weisheit führt.

All dies sind heilige Lichter, aber die erste geschaffene Existenz ist *al-'aql al-awwal,* der Erste und Universelle Geist, *al-nur al-Muhammadi,* das Licht von Mohammed, durch das die Strahlen des Ersten Lichtes leuchteten. Wie sich die Strahlen des Ersten Lichtes vermehrten und ohne Worte oder Buchstaben von Herz zu Herz gespiegelt wurden, so wuchs der Geist immer mehr an, und durch die Enthüllungen dieser Erleuchtung wurde er mannigfaltig.

Weil wir die Regeln der Ursächlichkeit anwenden, scheint uns dieses von Herz zu Herz gespiegelte Licht sehr nahe zu stehen. In Wirklichkeit erscheint uns das, was am weitesten weg ist, wegen seiner überwältigenden Intensität am nächsten. Das allernächste ist das Licht des Lichts. Siehst du nicht, dass von den zwei Flecken, von denen der eine schwarz und der andere weiss ist und die in derselben Ebene liegen, uns der weisse näher erscheint? Das Weiss ist für sichtbare Dinge am vorteilhaftesten. Das erste Licht ist das Höchste der Hohen und das Nächste der Nahen.

Alles Lob gebührt der Heiligen Essenz, der Quelle, der Ursache von Allem, frei von allen Fehlern, vollkommen, am höchsten über allem, ferner denn das Fernste, wegen der Durchdringung des überwältigenden Macht Seines Lichtes aber auch näher als das Nächste.

Gott *al-Bari',* der Schöpfer, der alles andere, ausser Sich selbst erfand und zum Sein aus der Nichtexistenz in die Existenz brachte, ist ewig. So wie Er, der Schöpfer von allem anderen, ewig ist, so werden auch jene, deren Existenzen möglich sind und von Ihm für ihr Sein abhängen, für immer existieren. Alles, dessen Existenz möglich ist, hängt für seine Existenz nur von Gott ab, weil Gott *al-Bari',* der Schöpfer, vor allem anderen existierte.

Seine Vorexistenz ist nicht wie unsere Existenz von Zeit oder anderen Bedingungen abhängig: Zum Beispiel können wir etwas auf Donnerstag verschieben, oder bis *Zayd* kommt. Es ist unbestreitbar, dass vor Ihm nichts existierte. Der Schöpfer, der Hersteller von allem, ist absolut unveränderlich. Die ganze Schöpfung ist Sein Wille. Er wird weder erschaffen, was Er nicht wollte, noch wird Er das wollen, was Er nicht gewollt hat.

Du weisst, dass das Licht von der Sonne kommt, und du weisst, dass die Sonne nicht aus Licht gemacht ist. Wie kannst du dann zweifeln, dass Gott der Schöpfer, der Hersteller von allem, gerecht und frei von jeglichem Fehler in Seiner Schöpfung ist? Licht scheint fortwährend, und ein Licht spiegelt sich auf dem andern. Wird die Sonne dadurch weniger? Verringert sich ihre Strahlung?

Gott der Gerechte, der Eine, der das innere Wesen der Dinge und das Verborgene kennt. Der Eine, der zu Seiner Schöpfung auf die feinste Art wohltätig ist. Gott der Milde.

DIE FÜNFTE GESTALT DES LICHTS

Um eine neue Existenz zu erschaffen braucht es eine Ursache, und die Betrachtung der Ursächlichkeit scheint eine fortlaufende Angelegenheit zu sein, in der es kein Ende und keinen Anfang für das Auftreten von neuen Ursachen gibt, die die Erscheinungen neuer Existenzen hervorbringen. Dies beweist, dass, solange eine Existenz bestimmt und von einer anderen ursächlichen Existenz abhängig ist, sie nicht die erste von neuen Existenzen sein kann.

Das, was in sich selbst Erneuerung verlangt, ist Bewegung. Von allen Bewegungen ist die absolute, ununterbrochene Bewegung eine Kreisbewegung. Kreisförmige und fortdauernde Bewegungen können nur durch das Kreisen des Himmelsgewölbes entstehen. Dies ist die Ursache für das Auftreten aller Ereignisse in dieser materiellen Welt. Gott, der Schöpfer, der Hersteller, Er, der Existenzen aus der Nichtexistenz ins Sein überführt, ist unveränderlich; und in Seiner Unveränderlichkeit kann Er nicht die Ursache dieser neuen Bewegungen sein. Wenn es nicht die kreisenden Bewegungen am Himmelsgewölbe gäbe, so hätte keine neue Existenz eine ursächlich hervorbringende Existenz gehabt. Die kreisenden Sphären des Himmels und die Bewegungen des Himmelsgewölbes sind keine natürlichen Bewegungen, weil sich diese Bewegungen von einem vorgesehenen Punkt entfernen. Ein Ding, das sich gemäss seiner Natur bewegt, hält an dem Punkt an, den seine Natur zu erreichen beabsichtigt, weil es dem Punkt, der von seiner Natur erwünscht wird, nicht entgehen kann. Wir schliessen daraus, dass diese Bewegung eine Bewegung ist, die durch Willen eingeleitet wurde.

Es ist seine Essenz, die der Drehung des kreisenden Himmelsgewölbes Leben und Bewegung gibt. Denn das, das die Form des Himmelsgewölbes in Bewegung setzt, ist ein willentlicher Stoss. Der Anfang der Bewegung seiner Form, die eine unbeabsichtigte Bewegung ist, ist dieser Stoss des Himmelsgewölbes.

Wenn wir die Gestalt des Himmelgewölbes und dessen Essenz als voneinander unabhängig betrachten, dann wird die Bewegung, die durch den Stoss der Essenz ausgelöst wird, unfreiwillig. Wenn wir jedoch die Essenz und die Form als Einheit betrachten, dann ist die Bewegung des Himmelsgewölbes eine vorsätzliche Handlung. In Bezug darauf ist das Himmelsgewölbe lebendig und bewusst, aber es ist nicht auf Nahrung angewiesen, noch bedingt es Geburt oder Wachstum. Es hat kein Verlangen, keinen Gegensatz, keinen Widerstand. Es hat weder Zorn noch Negativität. Weil es den niederen Dingen keinen Wert zuweist, gibt es keine Niedrigkeit in seiner Bewegung.

Es gibt zwei Arten von möglichen Existenzen: die abstrakten und körperlosen, und jene, die eine materielle Gestalt haben. Beide, die abstrakte und die materielle, wie die körperlose Intelligenz und das materielle Himmelsgewölbe, existieren in der für sie bestmöglichen Existenz. Sie können nicht vollkommener sein. Der Mensch ist der Mikrokosmos des ganzen erschaffenen Universums, er hat das Potential der vollständigen Vollkommenheit, obwohl sein natürlicher Zustand diese verfehlt.

Wenn wir uns von den Beziehungen und Belangen unseres Fleisches reinigen und eintauchen in die Betrachtung der Grossartigkeit und Macht unseres Schöpfers, des Herstellers, der Existenzen aus der Nichtexistenz in die Existenz bringt, und der das Erhellende Licht aus sich erzeugt, so finden wir unser Wesen verschönert und strahlend durch die Erleuchtung der göttlichen Erhellung und der Offenbarung Gottes, und wir erreichen so das gewünschte Ziel. Wie können wir an den Zuständen der göttlich ausgestatteten Persönlichkeiten, die weit entfernt von der Welt der Gegensätze und ihrer Bosheit in Sicherheit sind, zweifeln, während wir keine Zweifel haben, dass wir die grösste Glückseligkeit erreichen, indem wir uns von der Sklaverei des Fleisches retten? Diese gesegneten Wesen, in ihren von Gott geleiteten Zuständen, haben weder Kummer noch Sorgen, die ihre fortlaufend empfangene Erleuchtung unterbrechen könnten. Wenn ihre Bewegung in Richtung ihres gewünschten Ziels nicht frei von Unterbrechung wäre, wären ihre Fortschritte beeinträchtigt worden.

Die Geliebten Gottes gleichen sich in diesen höheren Zuständen nicht. Sie sind Lichter, und sie sind die Ursachen und die Retter. Sie beobachten die heiligen Bereiche durch die Vermittler zwischen ihnen und dem Göttlichen Schöpfer. Durch die Erleuchtung, die sie durch die Sicht des Göttlichen empfangen haben, erscheinen neue Möglichkeiten und Fähigkeiten in ihnen. Mit der verjüngenden Bewegung wird auch die Erleuchtung erneuert und dies dauert an. Durch diese fortlaufende Abfolge folgen die neuen Ereignissen in der niederen Welt aufeinander. Wenn es diese Erleuchtung und Bewegung nicht gäbe, wäre nur eine beschränkte Menge von Gottes Grosszügigkeit und Freigebigkeit erschienen, und bei einem gewissen Punkt wäre die göttliche Erleuchtung versiegt.

Gottes Freigiebigkeit und Grosszügigkeit setzt sich durch verschiedene Ebenen und Vielfältigkeiten in der Ausdehnung dieser materiellen Welt fort. Die gesamte Bewegung stammt von Vorfällen, die sich in dieser Welt der Unordnung und des Aufruhrs ereignen. Wenn es nicht um die vollständige Bewegung und das, was sie beinhaltet, ginge, hätten diese niedere Welt und die endlose Erneuerung von Dingen keine Bedeutung. Wir dürfen uns keine anderen Einflüsse auf diese allgemeine Harmonie als jene von Gott vorstellen. Die Bewegung des Himmelgewölbes ist keine Ursache für die Existenz von Dingen, aber sie bildet Potenziale. Die Bildung dieser Potenziale ist die Erscheinung von neuen Möglichkeiten in Dingen, die sie für den Empfang der Erleuchtung befähigen.

Gott, der Schöpfer, ist frei von allen Veränderungen. Es gibt keine Veränderung in Seiner Heiligen Essenz, die zu Veränderungen führen könnte, die Seine Offenbarungen voneinander unterscheiden. Die Kontinuität von Gottes Freigiebigkeit, die fortlaufende Existenz der göttlichen Liebenden, die Erneuerung von Ereignissen und deren Bewegungen stellen den Nutzen für die erschaffenen Wesen in den tieferen Welten sicher. Die Bewegung des Himmelsgewölbes ist nicht verantwortlich für die Erfindung von Dingen, aber sie bildet Fähigkeiten in ihnen aus. Gott, der Schöpfer, gibt allem entsprechend seiner Aufnahmefähigkeit. So lange die Tat unverändert bleibt, werden die Wirkung und das von ihr Betroffene nicht erneuert. Veränderung ist nur durch eine Veränderung in der Anordnung der Möglichkeiten möglich. Erneuerung ist nur durch die erneuerte Möglichkeit im betroffenen Element möglich.

Es ist rechtmässig, dass die Wirkung eines einzigen Seins erneuert wird. Dies geschieht nicht durch eine Veränderung in Seinem Zustand, sondern kann durch eine mögliche Veränderung des Zustandes eines Spiegels geschehen, der Ihn reflektiert. Wenn zum Beispiel ein menschliches Wesen eine vollkommen unveränderliche und unbewegliche Einheit wäre, die von vielen grossen und kleinen, klaren und trüben Spiegeln umgeben ist, wären die verschiedenen Farben und Formen, die in diesen Spiegeln erscheinen, nicht verursacht durch Veränderungen in den Eigenschaften dieser Einheit, sondern durch unterschiedliche Eigenschaften der Spiegel. So verbindet Gott der Allerhöchste, der Schöpfer, das unveränderliche Konstante mit dem Bestehenden und erneuert fortwährend das Neue, so dass Er weiterhin Sein Wohl, Seine Erleuchtung und Seine Freigebigkeit auf uns giessen kann.

Die Grosszügigkeit und die Freigebigkeit unseres Schöpfers können nicht ausfallen oder unterbrochen sein. Grosszügigkeit tut das, was zu tun ist, ohne irgendeine Gegenleistung zu erwarten. Der Absolut Reiche ist Gott, da Er keine Belohnung erwartet und keine Bedürfnisse hat. Er ist das Licht der Lichter, der für Seine Vollendung und Seine Essenz nichts anderes als Sich Selbst braucht. In all dem, was Er tut, gibt es niemals Feindseligkeit oder Vorurteil. Die Essenz Seines Heiligen Wesens ist die Grosszügigkeit Seiner Gnade und Seines Wohlwollens. Sein riesiges Königreich und die Essenz von allem darin bestehen für Ihn. Seine Essenz besteht nicht für irgendetwas oder irgendjemanden. Man kann sich dieses Universum von Existenzen nicht vollendeter vorstellen, als es ist, da Seine Heilige Essenz nichts Kleinliches oder Unbedeutendes enthalten kann. Aber in Seiner endlosen und unerschöpflichen Art fordert Er das Bessere, und das Bessere als das Bessere. Wie das Licht heller als die Reflektion seiner Reflektion ist, so ist es für das Universum der Existenzen eine Unmöglichkeit, vollständiger zu sein, als es ist. Dies kann nicht sein. Etwas Unvorstellbares liegt nicht in der Reichweite des Mächtigen. Jene, die die Vermutung als Grundlage nehmen, dass sowohl das Gute als auch das Schlechte von Gott kommt, sind jene, die sich vorstellen, dass das Hohe dem Niederen vorgezogen wird, dass es hinter dieser Dunkelheit kein anderes zu Gott gehörendes Universum gibt und dass es ausser dieser Schöpfung keine andere Schöpfung gibt. Sie wissen nicht, dass eben dann, wenn dieses Universum der Existenzen anders wäre als es ist, Schlechtigkeit und Leid nötig wären und die ganze Ordnung von einem Ende zum anderen zerstört würde. Der Zustand, in dem wir sind, ist die höchste Ebene, die für uns möglich ist. (»*In der Schöpfung der Möglichkeiten ist das Existierende das Wunderbarste, das Überraschendste*«, sagte al-Ghazali. »*Als gefragt wurde, ›Was ist bei der Schöpfung der Schöpfung die Absicht Gottes?‹, wurde geantwortet, ›Gottes Absicht ist im bestehenden Zustand der Schöpfung verwirklicht‹*«, so wie es uns Hadrat Ja'far al-Sadiq erzählt.)

Der letzte Zustand ist ein anderer Bereich als dieser, wo unsere Seelen von unserem Fleisch gereinigt werden und unsere Egos sich zurückbilden. Die Bewohner jenes erhöhten Bereichs nehmen nicht an Handlungen teil, wie etwa Leute, die ihre Sünden versteckt haben, durch Blossstellung zu beschämen, Waisenkinder den Armen ihrer Ammen zu entreissen, Unschuldige zu bestrafen, Unwissenheit zu verbreiten, Menschen in die Irre zu führen, das Wertlose zu loben, das Würdige zu erniedrigen und Wissende zu beschimpfen. Ihre Beschäftigung ist es, die Lichter von Gottes Manifestation in jedem Aspekt des Lebens zu beobachten. Wenn die scheinbare Unordnung in gewissen Teilen des Universums nützlich wäre, so wäre sie nur dazu nützlich, Unordnung in anderen Teilen des Universums zu verursachen, wo Unordnung notwendig ist. Solange sich die höheren Bereiche in ihrem Verhalten nicht nach den tieferen Bereichen richten, stehen jene, die zu den ersteren gehören, unter der Kraft und Majestät der göttlichen Stufen, die sie einhüllen, und unter der Strahlung der göttlichen Natur und den Lichtern des selbstexistenten Gottes. Sie sind nicht mit irgendetwas anderem befasst; sie haben nicht einmal die Kraft, sich mit sich selbst zu befassen. Sie sind reines Licht, daher kennen sie sowohl das Versteckte wie auch das Offensichtliche. Nichts kann vor ihrem Wissen versteckt werden.

Die Tatsache, dass die Himmelsgewölbe nicht aus Teilen zusammengesetzt sind, dass ihre Ordnung nicht gestört werden kann und dass sie in fortlaufender Bewegung sind, ist Beweis dafür, dass sie nicht aus den Elementen bestehen. Und die Unwirksamkeit der Leichtigkeit von Wärme, die nur aufsteigen kann, und der Schwere von Kälte, die nur sinken kann, und der Feuchtigkeit, die in ihrer Zusammensetzung leicht Trennung und Verbindung annimmt, und der Trockenheit, die Trennung und Verbindung widersteht, zeigt, dass es in den Himmelsgewölben weder Trennung noch Vereinigung gibt. Die Bewegungen dieser Himmelsgewölbe sind nicht vertikal; sie bewegen sich weder zum Zentrum, noch bewegen sie sich davon weg. Vielleicht sind ihre Bewegungen jene, die zwischen diesen beiden liegen, also kreisförmige. Diese Himmelsgewölbe sind weder schwer noch leicht, weder warm noch kalt, weder feucht noch trocken. Sie haben eine fünfte Natur. Wenn die Himmelsgewölbe nicht die Erde umfasst hätten, würde die im Westen untergegangene Sonne nicht wieder im Osten aufgehen. Dies wäre aber möglich gewesen, wenn es Doppeltage, Zwillingstage gäbe. Somit sind alle Himmelsgewölbe weltumfassend. Tatsächlich haben sie ihre eigene Vernunft und sind durch ihre Liebe mit den göttlichen Lichtern verbunden, und sie sind dieser Quelle, die sie zur Selbsterneuerung befähigte, vollkommen untergeben. Im Bereich des Äthers sind sie nicht leblos.

Ende der Fünften Gestalt des Lichts

Im Bereich der Existenzen ist die Erste Beziehung diejenige zwischen der Essenz, die gegenwärtig und existierend ist, und dem Einen, der selbstexistierend ist. Diese Beziehung ist der Ursprung und die höchste Form aller Beziehungen und ist verbunden mit der Liebe zu dem selbstexistierenden Einen. Unfähig, sich mit der Tiefe des eigenen inneren Lichtes zu umgeben, wird sie von der Selbstexistenz des Selbstexistierenden überwältigt. Diese Beziehung hat zwei Aspekte: Liebe und Macht. Der eine dieser beiden Aspekte ist der höhere und edlere. Die Eigenschaften dieser Beziehung haben jeden Bereich durchdrungen, so dass jeder Teil ein Gegenstück hat. So werden die Essenzen in Materie und Nichtmaterie unterteilt, und Nichtmaterie überwältigt Materie und ist die Geliebte und Ursache aller Materie; das eine dieser Gegenstücke ist das niedrigere. Zusätzlich wird die Essenz, die Materie unterscheidet, in zwei Gegenstücke unterteilt. Eines dieser Gegenstücke ist erhöht und überwältigend, und das andere liegt auf einer tieferen Ebene und ist passiv. Materie ist ihrerseits in Gegenstücke unterteilt, in das Ätherische und das Elementare. Gewisse ätherische Stoffe werden wieder in zwei Gegenstücke unterteilt: in Glückseligkeit und überwältigende Macht, oder in Sonne und Mond, die wie der Geist und das Ego sind. Das Erhabene und das Niedere, rechts und links, Osten und Westen, das Männliche und das Weibliche in Tieren sind alles Beispiele davon. In der Entwicklung der Ersten Beziehung werden das Vollkommene und das Mangelhafte durch Heirat zusammengefügt. Dies ist im folgenden Vers des heiligen Korans gemeint,

Und von jedem Wesen erschufen Wir Paare,
damit ihr euch besinnen möget.
(51:49)

Die Sonne ist die höchste und am meisten geehrte Existenz, die lichtvollste, die am meisten geehrte und strahlendste von allen Materien, die Beleuchterin und die Ernährerin des Universums, diejenige, die Dunkelheit überwindet und Tageslicht bringt, das Oberhaupt der Himmel, die wohltätige Spenderin von Licht für die Himmelskörper, die keine Gegenleistung erwartet. Die Sonne ist eine der grössten und am meisten ausgezeichneten Offenbarungen des Ruhms und der Essenz Gottes. Wie gross ist doch der Ruhm und die Majestät des Einen, der all dies begann und sich selbsterneuern lässt!

Gepriesen sei Gott, der schönste aller Schöpfer.

Gott, der Eine, der das Universum und all das, was darin existiert, plant und regiert. Der bereuenden Sündern grosszügig Vergebende, der Wohltäter ohne Bedingungen.

DIE SECHSTE GESTALT DES LICHTS

Die Seele (die kosmische Vernunft) wird durch die Verwerfung des Körpers nicht gestört, weil die Seele nicht die Art Licht ist, die Raum und Ort benötigt. Sie hat weder Gegenstück noch Gegensatz. Ihr Erzeuger ist ewig, und sie ist ständig bei ihrem Ursprung. Ihre Beziehung zum materiellen Körper hängt von dem Verlangen oder der Gleichgültigkeit ab, die sie füreinander haben.

Wie du weisst, entsprechen die Freude und der Schmerz jeden Zustandes den eigenen individuellen Eigenschaften und dem eigenen Grad der Vervollkommnung. Der Duft hängt von der Beziehung zwischen dem gerochenen Ding und dem Riechenden ab; der Geschmack hängt von der Beziehung zwischen dem Geschmeckten und dem Schmeckenden ab; und Wissen hängt von der Beziehung zwischen dem zu Erlernenden und demjenigen ab, der zu lernen wünscht. Es hängt davon ab, ob das Eine des Anderen würdig ist. Die Vollkommenheit der Substanz der erleuchteten Intelligenz wird vom Wissen um die universelle Ordnung und Wahrheit gefärbt. Während alles in allem der Erwerb des Wissens vom Anfang und vom Ende von der eigenen Reinigung von materiellen Kräften und vom eigenen Fleisch abhängt und das Fehlen dieser Vollkommenheit die entgegengesetzte Befindlichkeit schafft, ist die Erfahrung von Freude und Schmerz ebenso abhängig von diesen Bedingungen.

Freude und Schmerz können existieren, auch wenn sie nicht erfahren werden. Als ob der unbewusst Fragende sagen würde: Wenn das Glück des Menschen von seiner Fähigkeit zu begreifen abhängt, wie kommt es, dass wir keine Freude oder Schmerz empfinden, wenn wir lernen? Die Antwort darauf lautet, dass Freude und Vergnügen vom Erfülltsein gewisser Bedingungen zwischen dem Begriffenen und dem Begreifenden abhängen. Zum Beispiel ist die Eigenschaft des Brennens von Feuer abhängig von seinem Kontakt mit etwas Brennbaren. In Abwesenheit der Qualität von Brennbarkeit hat das Feuer nicht die Eigenschaft zu brennen. Wenn sich jemand im Schock befindet oder in übermässige Trunkenheit verloren ist, würde er weder den Schmerz spüren, wenn er geschlagen wird, noch könnte er Lust verspüren, wenn er in den Armen seiner Geliebten läge. Solange die Seele mit dem Fleisch beschäftigt ist, wird sie weder unter Niederträchtigkeiten leiden, noch wird sie von Tugenden erfreut, weil sie durch das berauschende Getränk der Natur in einem Zustand schwerer Betrunkenheit ist.

Wenn die Seele den Körper verlässt, so wird die des unglücklichen Rebellen gegen Gott von der tiefen Unwissenheit gequält, in die sie gesunken ist, von dem Zustand dunkler Erbärmlichkeit und dem Wunsch und Verlangen, das sie noch immer nach der Welt der Sinne fühlt.

Wa qad hila baynahum wa baynama yashtahuna.
So werden sie von dem, was sie ersehnen, getrennt werden.
(34:54)

Im Zustand dieser Rebellen wird das Geheimnis dieses Verses eröffnet. Weder sehen ihre Augen noch hören ihre Ohren. Weder werden sie vom Flackern dieser Welt der Sinne noch von der Erleuchtung durch das heilige Licht erreicht. Sie sind in der Dunkelheit verwirrt. Von beiden Lichtern abgeschnitten, werden sie in Elend, Hoffnungslosigkeit und schreckliche Ängste eingetaucht. Sie sind wie diejenigen, die mit der schlimmsten Befindlichkeit von Schwermut geschlagen sind; fortlaufend werden sie von Trauer und Angst geplagt. Während dies der Zustand der Schwermütigen ist, stelle dir nun erst den Zustand derjenigen vor, die sich nur nach materiellen Vergnügungen sehnen, weil sie alle andern Hoffnungen verloren haben und in das bodenlose Loch von höllischer Dunkelheit gefallen sind! Währenddessen haben die gereinigten Seelen derjenigen, die sich in allen Aspekten für das Gute und Tugendhafte entschieden haben, die ewige Glückseligkeit erreicht und ungesehene, ungehörte und unvorstellbare Wohltaten erhalten, nahe bei ihrem Schöpfer, eingetaucht in Seinen Geist. Die gereinigten Seelen kehren zu ihrem Schöpfer zurück, der über die menschlichen Körper, die dunkle Mächte beherbergen, den Sieg davonträgt, der die Bilder der Finsternis zerstört, und der den Menschen in der schönsten und edelsten Form geschaffen hat. Sie werden Gottes Nachbarn und mit der Krone der Nähe im Bereich der Geister, nahe zum Herrn des Universums, dem Heiligen Geist, gekrönt. Diese Seelen werden ewig zu ihrem Schöpfer hingezogen, so wie eine Eisennadel zu einem Magneten hingezogen wird. Genauso wie es keinen Vergleich zwischen den Sinnen und der Seele gibt (da die Aufmerksamkeit der Seele perfekter und umfassender ist als jene der Sinne), gibt es auch keinen Vergleich der Lichter Gottes mit der vernünftigen Seele und den Sinnen. Der Geschmack des höheren Geistes ist verliebt in seine Essenz, und seine Essenz ist die Geliebte von jenem Geist und von allen anderen.

Es gibt keine Ähnlichkeit oder Beziehung zwischen dem entwickelten Zustand der rechtschaffenen Seelen, die die Dunkelheit der Gestalten verlassen haben und vom Glanz Gottes in den höheren Bereichen des Universums der Geister geehrt worden sind, und der Formwerdung von gewöhnlichen materiellen Dingen unter den Strahlen der Sonne. Diejenigen, die den spirituellen Geschmackssinn bestreiten, sind die, die in ihrer tierischen Lust ertränkt werden. Sie bevorzugen das Tier in ihnen, vor den heiligen menschlichen Wesen und den Engeln.

Er ist der Schöpfer, der Spender von Form und Eigenschaft, der Gewährer der segensreichsten Geschenke, der die Sünden Vergebende, der Überwältigende Eine.

DIE SIEBTE GESTALT DES LICHTS

Über Prophetentum

Die menschliche Seele, die auch die kosmische Vernunft genannt wird, ist eine der Essenzen des Universums der Geister. Dieser spirituelle Bereich ist das Universum von Abstraktion und Auffassung. Wenn diese Essenz von den Sorgen der materiellen Kräfte des Körpers befreit ist, nehmen Essen und Schlafen ab, die Aufmerksamkeit nimmt zu, das Fleisch wacht auf und die spirituelle Essenz wird gestärkt durch den Empfang göttlicher Tugenden. Es gibt vier Arten dieser spirituellen Tugenden. Die erste ist die Weisheit, die die Rechtfertigung für den Segen der uns gegebenen intellektuellen Kraft ist. Die zweite ist die Tapferkeit, die Rechtfertigung für die Kraft des Zorns und der Stärke. Die dritte ist die Reinheit, die Rechtfertigung der sexuellen und sinnlichen Kräfte. Die vierte ist wahre Gerechtigkeit, die Rechtfertigung für alle Kräfte, die uns gegeben sind. Diese wahre Gerechtigkeit ist eine Gratwanderung zwischen Übertreibung und Ungenügen. Die geringste Abweichung wird zur Ungerechtigkeit. Diese wahre Gerechtigkeit ist der Weg der Propheten.

Von Zeit zu Zeit findet die Seele ihren Weg zu den heiligen Bereichen, um von ihrem Heiligen Bewahrer, dem sie angehört, das zu lernen, was sie noch nicht wusste. Die Seele gelangt auch zu den Seelen der himmlischen Sphären, die sich ihrer eigenen Bewegungen und der ihre Bewegungen bedingenden Ursachen bewusst sind. So wie ein Spiegel, der mit dem vor ihn hingestellten Bild geschmückt ist, so beginnt die Seele eine Reihe von Geheimnissen zu verstehen, sowohl im wachen wie auch im schlafenden Zustand. Gelegentlich sieht sie auch geradezu seltsame Bilder von den für sie bestimmten Anteilen der Mysterien des spirituellen Bereichs, die in ihrer Vorstellungskraft gespiegelt werden. Eben diese Bilder, die durch unseren Geist gehen, können auch in der

Welt der Sinne erscheinen. Einst ausgesprochene Worte werden gehört, oder unsichtbare und unbekannte Dinge werden sichtbar, manchmal klar und deutlich, manchmal schattenhaft, gemäss der eigenen Verbindung und der Intensität des eigenen Wunsches. Die Dunkelheit, die diese seltsamen Vorkommnisse in Menschen, die an ihr materielles Selbst verloren sind, erzeugen, kann dort keine Veränderung in Klarheit oder Dunkelheit erfahren, da diese Veränderungen zur Beobachtung von materiellen Dingen im hellen Licht gehören. Diese Visionen bewegen sich innerhalb einer Dunkelheit, die ein materieller Schatten ist. Dies gilt auch für das Spiel des Teufels in falschen Träumen, und sogar auch für die eingebildeten Geschichten von echten Träumen.

Gelegentlich erreicht die heilige Seele durch ihren Kontakt mit dem Göttlichen einen Zustand der Erregung, der Freude und des Glücks und begegnet Gottes Erleuchtung von Angesicht zu Angesicht. Wenn du ein vom Feuer erhitztes Stück Eisen gesehen hast, das rotglühend wie Feuer geworden ist und das vermag, was Feuer vermag, dann zweifle nicht daran: Wenn die Essenz der Seele sich dem Gehorsam unterwirft, ist sie in der Lage, die Wirkung der göttlichen Erleuchtung weiterzugeben. Das ganze Universum unterwirft sich und gehorcht dem Göttlichen, wenn es die göttliche Erleuchtung erlangt und vom Heiligen Licht erleuchtet ist.

Es gibt solche bedeutende Menschen, die mit der strahlenden Erleuchtung der Wahrheit gesegnet wurden. Sie haben ihr Gesicht dem Göttlichen zugewandt, ihre Hände in demütiger Bitte geöffnet, hoffend und wartend auf die Offenbarung der innersten Essenz Gottes, in Ergänzung zu der Offenbarung von Gottes Eigenschaften und Handlungen, die sie bereits empfangen haben. Derjenige, der die ewige Führung von Gott empfing und sich wünschte, als Teil seiner himmlischen Nahrung und seines Schicksals seinen Schöpfer zu erreichen, fand beim Öffnen seiner Augen Gottes himmlische Schönheit und Sein göttliches Licht, versteckt unter der überwältigenden Grossartigkeit und Macht eines göttlichen Lichtes, das kein Geist sich je vorgestellt hat noch je sich vorstellen wird. Er sah eine grosse Menschenmenge, die um Gottes Gnade betete, beleuchtet von der Lichtausstrahlung aus dem geheimen grössten Namen Gottes, geschrieben auf den Bogen von Gottes Herrschaft.

An die Wahrheit der Propheten zu glauben und zu ihnen Vertrauen zu haben, ist eine heilige Bedingung für jene, die ein inneres Auge haben. Diese auserwählten Menschen haben durch die von ihnen übermittelten Beispiele den Unterschied zwischen der Wahrheit und der Falschheit aufgezeigt, so wie es im heiligen Koran steht:

> Diese Gleichnisse stellen Wir zwar für die Menschen auf,
> doch nur die Wissenden begreifen sie.
> (29:43)

Und wie ein anderer Prophet sagte: »Ich möchte damit beginnen, unter Verwendung von Beispielen und Gleichnissen zu sprechen.«[5]

Die Interpretation der inneren Bedeutung aller Verse in allen heiligen Büchern, die je herabgesandt und allen Propheten enthüllt wurden, kommt Farkilit zu, der vom grössten Anteil des heiligen Lichts geehrt wird.[6]

---

5 Diese Zeilen deuten auf eine Überzeugung von Hz. Suhrawardi, dass die Propheten durch die Beispiele gewisser Gleichnisse bestimmte Geheimnisse und Wahrheiten enthüllt haben, die von denen, »die Wissen haben«, verstanden werden können, obwohl sie öffentlich erst am letzten Tag der Welten, am Tag des Letzten Gerichts verbreitet werden sollten. Diese Lehre wurde von den ultra-orthodoxen Juristen seiner Zeit als Teil der Beweisführung benutzt, mit der sie Suhrawardi zum Tod verurteilten.

6 In der Originalversion der Bibel auf Aramäisch erscheint dieses Wort als *Parkilit*, das auf Arabisch zu *Faraklit* wird, da das Arabische den Buchstaben P nicht kennt. In der griechischen Übersetzung erscheint *Parakletos*, was im Griechischen »Fürsprecher« bedeutet. Jesus Christus sagt: »Ich bin wirklich Gottes Gesandter für euch, bestätigend die Thora, die vor mir war, und einen Gesandten ankündigend, der nach mir kommen und dessen Namen Ahmad sein wird.« [Koran 61:6] Es wird erzählt, dass Jesus (عليه السلام) Kunde gibt von Ahmad, einem Titel des Propheten (ﷺ), der bedeutet »der sehr Gelobte«. Dies ist die Bedeutung einer alternativen griechischen Übertragung des aramäischen *Periklytos*.

Parakletos wird in der Bibel der »Geist der Wahrheit« genannt [*Johannes* 14:17]. Auch der Koran nennt den Propheten »Die Wahrheit« [17:81]. Unter den Merkmalen für den Geist der Wahrheit in den Evangelien ist, dass er »für immer bei euch bleiben soll« [*Johannes* 14:16], dass »er euch alles lehren und euch an alles erinnern wird, was ich euch gesagt habe« [*Johannes* 14:26, so auch 16:13]. Der Prophet, der »ihnen alles sagen wird, was ich ihm auftrage«, war auch Moses vorhergesagt [*Deut*. 18:18-19], wo »von einem Propheten wie dir« Kunde gegeben wird. Es wird vermutet, dass *Jalal*, d.h. die Majestät der Wahrheit in Moses manifestiert wurde, und *Jamal*, die Schönheit, in Jesus, während beide Elemente in der Person des Heiligen Propheten (ﷺ) vereinigt wurden.

Der Prophet Jesus (عليه السلام) sagt: »*Der Parkilit* aber, der Heilige Geist, den der Vater in meinem Namen senden wird, der wird euch alles lehren.« [*Johannes* 14: 26] [7]

Im heiligen Koran wird gesagt,

thumma inna alaina-bayanah
Uns obliegt dann seine Erklärung.
(75:19)

Im Arabischen bedeutet die Partikel *thumma* »danach, weiterhin« und wird angewandt, um eine Verzögerung anzugeben, was bedeutet, dass etwas aufgeschoben und zu einer späteren Zeit durchgeführt wird. Das Wort *bayan*, »Erklärung«, bedeutet Aufklärung durch den Gebrauch von Beispielen.

Es gibt keinen Zweifel, dass das Licht aus dem Bereich der Geister auf diejenigen gegossen wird und sie errettet, die dies wünschen und sich danach sehnen, und dass göttliches Licht sich verbreitet, um den Weg der Wahrheit zu öffnen. So ist es mit dem plötzlichen Licht eines Blitzes, der das Wahrnehmbare absondert, und so war es mit der Kunde, die mit der raschen Nachtreise in die unsichtbare Welt gebracht wurde.[8]

---

7 Hz. Suhrawardi interpretiert und übersetzt den Gebrauch des Ausdruckes »Unser Vater« des Propheten Jesus als sein und der anderen Schöpfer und Erhalter, stark im Sinne des Wortes *Rabb*, »Herr«, oder *Rabb ul-alamin*, »Herr der Himmel«, der Seine ganze Schöpfung erschafft und erhält. So wendet sich der Prophet Jesus (عليه السلام) an Gott als den Schöpfer und Erhalter seiner selbst und anderer Diener Gottes.

8 Hz. Suhrawardi bezieht sich auf die Nacht der Himmelfahrt als die »rasche Nacht«. Bei dieser Himmelfahrt, als der Prophet (ﷺ) sein Bett im Hause von Umm Hani verliess, stiess er gegen ein Blatt. Auf seiner Reise sah er Mekka, Jerusalem und viele himmlische Bereiche bis hinauf zum Thron Gottes, und alle göttlichen Zeichen darin. Als er zu seinem Bett im Hause von Umm Hani zurückkehrte, zitterte das Blatt noch von seiner leichten Berührung bei seinem Weggang, und sein Bett war noch immer warm. In der Begrifflichkeit der Sufis wird dieser Vorgang »Zeitausdehnung« genannt, wenn der Bruchteil einer Sekunde verlängert wird und sich ausdehnt, um Dinge einzuschliessen, die normalerweise Jahre brauchen, um verwirklicht zu werden.

Im heiligen Koran wird gesagt: »*Und Er ist es, der die Winde als Freudenboten Seiner Barmherzigkeit aussendet. Denn dann senden Wir vom Himmel reines Wasser herab.*« [25:48]. Für denjenigen, der den Blitz aufwärts zündet, wird bekannt gemacht, dass der göttliche Pfad offen ist. Der offene Pfad ist der Pfad von manch einem vollkommenen Menschen, der durch seine Stationen geht.

Oh Herr, der unser Erhalter ist, wir glauben an Dich und haben Vertrauen in die Wahrheit der Propheten, die Du uns geschickt hast. Wir wissen, dass die Heiligen unter Deinen Dienern und die spirituellen Ebenen das Licht durch Licht erreichen. Jedoch auch Narren, die gelegentlich den Wunsch haben, das Licht zu erreichen, die die Dunkelheit für das Licht verlassen und die den dunklen Pfad zum Licht folgen, werden so zu einer Lektion für die Weisen, werfen Licht auf deren Verständnis und werden die Ursache für deren hohen Rang und deren Vertrautheit mit Gott. Diese spirituellen Winde, die Du für sie schickst, führen sie auf die höchsten Stationen, wo sie einzig das Licht auf Deinem Gesicht lobpreisen, die heiligen Bücher tragen, sich an den Flügeln der Engel festhalten, die Strahlen der Lichter umarmen, die sie in die Höhe ziehen, und hoffen, mit Hilfe dieser wunderbaren und abgeschiedenen Zustände Vertrautheit mit Gott zu erreichen. Dies sind jene, die sich in die Himmel zurückziehen und trotzdem in der Welt erscheinen. Oh Göttlicher Eine, erwecke die in den Gräbern der Unbewusstheit begrabenen Seelen, damit sie sich an Dich erinnern und Dich verherrlichen. Gib uns unseren vollen Anteil von Erkenntnissen und Geduld, da sie die Quelle aller Rechtschaffenheit sind. Gib uns das Geschenk, an dem Gefallen zu finden, was für uns bestimmt ist. Lass die Erleuchtung durch das reine Licht der Seele unseren Weg sein und lass die selbstlose Glaubensbruderschaft unsere Begleiter sein. Du bist der Eine, der allen Universen durch Seine Grosszügigkeit und Freigebigkeit nur Gutes gibt. Gott ist der beste aller Helfer.

Gottes Grüsse, Sein Wohlgefallen, Sein Frieden und Segen seien auf Seinem Heiligen Propheten.

Gott der Erhalter, der Allwissende, der Eine, dessen Befehle und Offenbarungen Weisheit sind, der Liebende Eine und der Einzige Liebenswerte, der Mächtige, der Herrliche und der Grosszügige.

IM NAMEN GOTTES, DES GNÄDIGEN, DES BARMHERZIGEN

Alles Lob und aller Segen gehört Gott, dem Grosszügigsten, dem Weisesten, dem letztendlichem Führer, dem Geber von Vertrauen und Hoffnung. Aller Friede, Segen und Segnung seien auf Seinem geliebten, ungebildeten Propheten (ﷺ), den Er von allem falschen Wissen gereinigt hat, um ihn die reine Wahrheit zu lehren, und auf seiner Familie und seinen Begleitern und Helfern, und auf diejenigen, die er liebte und auf diejenigen, die ihn liebten, und auf denen, die er liebt und die ihn lieben, gehorchen und ihm folgen.

Die spirituellen Lehrer, die *murshid,* die die wirklichen Väter sind, sind verpflichtet, ihren echten Söhnen und Töchtern, den *murids,* das grösstmögliche Geschenk in dieser Welt zu machen, und dies ist aufrichtiger Rat.

Der erste Teil dieses Geschenks, die spirituelle Nahrung, ist die Kenntnis von Gottes Befehlen an Seine Schöpfung, die *'ilm al-shari'ah.* Dieses Wissen ist ein Grund für das eigene Sein. Es ist eine Verpflichtung für alle, es ist die Lebenskraft, das Licht der Intelligenz, ohne das man tot ist.

Der zweite Teil ist die Kenntnis des Wegs zur Wahrheit, die *tariqah.* Das ist kein Pfad, den man auf einer Karte verfolgt, sondern eine Strasse, auf der man gehen soll. Er ist eine Notwendigkeit, da das Merkmal des Lebens Bewegung ist, von der Geburt bis zum Tod, vom Leben ins Jenseits, von schlecht zu besser, von wenig zu mehr, von vielem zu einem, von Falschheit zu Wahrheit, von Ängstlichkeit zu Frieden. Es ist eine Antwort auf *irji,*'die göttliche Einladung: »Komm!« - »Komm hierher, komm zu Mir.«

Der dritte Teil dieses Geschenkes ist *ma'rifah,* die ein Hilfsmittel zur Weisheit ist, der Raum, der die göttlichen Geheimnisse enthält, die es zu entdecken gilt.

Der vierte und letzte Teil dieses Geschenkes, das der spirituelle Vater seinen Kindern gewährt, ist die *haqiqah,* die letztendliche Wahrheit, die in Wirklichkeit ein Geschenk Gottes ist, die durch die Hände des spirituellen Lehrer kommt.

Wissen ist wie Wasser, die Quelle des Lebens. Schau um dich, es ist überall: Sturzbäche von Regen, Flüsse, Seen, Ozeane ... Und doch empfangen alle in Übereinstimmung mit ihrer Bestimmung und mit ihren Bedürfnissen, in der Menge gemäss der Grösse ihres Gefässes.

Gott, der Eine, dessen Sein endlos ist.

NACHWORT

Als ich in dieser zeitlichen Welt wanderte, führte mich Gott auf einen geraden Weg. Ich beging ihn in einem Zustand zwischen Schlaf und Erwachen, wie in einem Traum und erreichte eine Stadt, die in Dunkelheit eingehüllt war. Sie war so gross, dass ich ihre Grenzen weder sehen noch mir vorstellen konnte. Diese Stadt enthielt alles, was geschaffen wurde. Es gab Leute aller Nationen und aller Rassen. Die Strassen waren so überfüllt, dass man beinahe nicht vorwärts kam, so lärmig, dass man kaum weder sich selbst noch andere hören konnte. Alle üblen Handlungen von allen Kreaturen, alle mir bekannten und unbekannten Sünden umgaben mich. Ich beobachtete das seltsame Schauspiel mit Scheu und Erstaunen.

In grosser Entfernung, anscheinend im Zentrum der Stadt, gab es noch eine weitere Stadt, umgeben von hohen Mauern von riesiger Grösse.

Was ich alles um mich herum beobachtete, führte mich zum Gedanken, dass seit Beginn der Zeit noch nie ein Lichtstrahl der Sonne der Wahrheit auf diese Stadt gefallen sei. Nicht nur lagen der Himmel, die Strassen und die Häuser dieser Stadt in vollständiger Dunkelheit, auch ihre Bewohner, die Fledermäusen glichen, hatten Gedanken und Herzen so schwarz wie die Nacht. Ihre Natur und ihr Betragen waren wie bei wilden Hunden. Knurrend und für einen Mund voll Nahrung miteinander kämpfend, besessen von Wollust und Zorn, töteten und zerrissen sie sich gegenseitig. Ihr einziges Vergnügen war Trinken und schamloser Sex, ohne Unterscheidung zwischen männlich oder weiblich, zwischen Ehefrau und Ehemann oder anderen. Lügen, Betrügen, Klatsch, Verleumdung, Diebstahl war ihre Gewohnheit, bei vollständiger Abwesenheit der Sorge für andere, von Gewissen oder der Furcht vor Gott. Viele unter ihnen nannten sich *Muslime.* Einige unter ihnen wurden tatsächlich als weise Menschen betrachtet, als Scheichs, Lehrer, Menschen des Wissens und Prediger.

Einige unter ihnen, denen die Gebote Gottes bewusst wurden, das, was in den Augen Gottes und der Menschen richtig und gesetzmässig ist, und das, was Gott verboten hat, versuchten danach zu handeln, fanden darin Zufriedenheit und konnten sich nicht mehr länger mit den Leuten der Stadt verbinden. Aber auch die Leute der Stadt konnten sie nicht länger dulden. Ich hörte, dass sie in der ummauerten Stadt, die ich im Zentrum dieses Bereichs gesehen hatte, Zuflucht nahmen.

Ich blieb eine Weile in dieser äusseren Stadt. Schliesslich fand ich jemanden, der mich hören und der verstehen konnte, was ich sagte. Ich fragte ihn nach dem Namen des Orts. Er sagte mir, dies sei *Ammara,* die fordernde Stadt, die Stadt der Freiheit, in der jeder das tat, wozu er Lust hatte. Ich forschte nach ihrem Zustand. Er sagte, dies sei die Stadt der Freude, die aus Sorglosigkeit und Achtlosigkeit herrühre. In der schönen Dunkelheit, die sie umgab, dachte jeder, dass er dort der einzige sei. Ich fragte ihn nach dem Namen ihres Herrschers. Er antwortete mir, dass er *'Aql al-Ma'ash,* Seine Hoheit Klugheit, genannt würde und ein Astrologe, ein Hexer sei, ein Ingenieur, der Dinge erfand, ein Arzt, der jene am Leben erhielt, die sonst sterben müssten, ein intelligenter und gebildeter König, dem in dieser Welt niemand gleichkam. Seine Ratgeber und Minister würden Logik genannt, seine Richter verliessen sich auf das alte Gesetz des gesunden Menschenverstandes, seine Verwalter nannte man Einbildung und Tagträumen. Er sagte, dass alle Bürger ihrem Herrscher gegenüber vollständig untergeben seien, nicht nur indem sie ihn und seine Verwaltung respektierten und schätzten, sondern indem sie ihn liebten, denn alle spürten in ihrer Wesensart, ihren Gewohnheiten und ihrem Verhalten eine enge Verwandtschaft zu ihm.

Da ich mit der gleichen Intelligenz versehen war und von daher erkannte, dass der König dieser Stadt wirklich der vollendete Meister aller Wissenschaften dieser Welt war, wünschte ich, diese Wissenschaften zu erlernen, um reich und berühmt zu werden. Ich stand eine Weile im Dienste des Königs und erlernte von ihm viele kluge Dinge. Ich lernte Handel, Staatskunst, militärische Wissenschaften, Waffenherstellung, die Gesetze der Menschen und die Künste zur Verherrlichung des Menschen.

Ich wurde weltbekannt. Sobald Menschen mit dem Finger auf mich zeigten und über mich redeten, freute sich mein Ego. Da alle Teile meines Wesens vollständig unter dem Einfluss meiner weltlichen Intelligenz standen, bezogen sie alle Energie aus der Freude meines Egos und beeilten sich, diese Energie in weltlichen Freuden und in den Genüssen des Fleisches zu verbrauchen, ohne sich darum zu kümmern, ob all dies andere oder sogar mich selbst verletzen könnte.

Etwas in mir sah zu gewissen Zeiten, dass dies alles falsch war, aber ich hatte weder Kraft noch Möglichkeit, dies zu verhindern. Dieser sehende Teil in mir schmerzte und wünschte, aus der Dunkelheit dieser Stadt herauszukommen. An einem solchen Tag, als der Schmerz besonders heftig war, ging ich zu meinem Meister, dem König, Seine Hoheit Klugheit, und fragte kühn: »Wie kommt es, dass die wissenden Menschen in deinem Reich niemals entsprechend ihrem Wissen handeln und Gott fürchten? Wie kommt es, dass niemand in dieser Stadt Angst vor der Bestrafung durch Gott hat, während sie Angst vor deiner Bestrafung haben? Wie kommt es, dass es kein Licht gibt, weder hier drinnen, noch draussen, noch in den Herzen deiner Leute? Wie kommt es, dass deine Untertanen wie Menschen aussehen, obwohl ihre Natur der von wilden Tieren gleicht oder gar noch schlimmer ist?«

Er antwortete: »Ich – der eine, der herausbekommen kann, wie man persönlichen Vorteil aus dieser Welt zieht, auch wenn mein Vorteil zu ihrem Nachteil ist – ich bin ihr Vorbild. Ich habe einen Agenten in jedem von ihnen. Sie sind meine Diener und die Diener meiner Agenten in ihnen, aber auch ich habe einen Meister, der mich führt, und das ist der Teufel. Niemand hier ist in der Lage, seinen Weg zu ändern, und alle sind zufrieden und denken, dass sie besser sind als die andern. Keiner will sich verändern und daher werden sie sich nicht verändern."

Als ich dies hörte, wünschte ich die Stadt zu verlassen und beabsichtigte zu fliehen. Aber in Kenntnis der Strenge des Königs und seiner Kontrolle über alles, bat ich ihn um seine Erlaubnis, zu gehen. »Oh du, mein absoluter Herrscher«, sagte ich, »Du hast so viel für diesen deinen bescheidenen Diener getan und mir alles gegeben, was ich habe. Welch freudiges Leben habe ich unter deiner Herrschaft geführt! Du hast mich mit teuren Pelzen gekleidet, mir Begleiter für Spass und Spiele gegeben.

Weder Trunkenheit noch Glücksspiel hast du verboten. Ich habe alle Freuden geschmeckt, und denke, dass ich meinen Anteil davon hatte. Wusstest du, dass ich als Reisender in diese Stadt kam? Erlaube mir nun, dass ich mich zu diesem grossen Schloss in der Mitte deiner Stadt begebe.«

Der König antwortete mir: »Ich herrsche auch über jenes Schloss. Der Bezirk wird *Lawwama,* Selbstvorwürfe, genannt, aber seine Leute sind nicht die gleichen wie wir hier es sind. In dieser unserer herrischen Stadt ist der Teufel unser Idol. Weder er noch ich werfen irgend jemandem vor, was er tut. Daher bedauert niemand das, was er getan hat, weil wir völlig in der Einbildung leben. In der Stadt der Selbstvorwürfe hat die Einbildungskraft keine totale Macht. Auch sie tun das, was Sünde genannt wird, sie begehen Ehebruch, sie befriedigen ihre Lust mit Männern und Frauen gleichermassen, sie trinken und spielen, stehlen und morden, tratschen und verleumden, genau wie wir – aber häufig sehen sie, was sie getan haben, und bedauern und bereuen es.«

Sobald ich mein Gespräch mit meinem Meister Klugheit beendet hatte, ging ich schnell zu den Toren der Stadt der Selbstvorwürfe. Über den Toren stand geschrieben *at-ta'ibu min adh-dhanbi ka-man la adhnaba* - »Derjenige, der bereut hat, ist wie einer, der nie eine Sünde begangen hat.«

Ich gab das Kennwort durch das Bereuen meiner Sünden und trat in die Stadt ein.

Ich sah, dass diese Stadt wesentlich weniger bevölkert war als die Stadt der Dunkelheit, aus der ich gekommen war. Ich würde sagen, die Einwohnerzahl war halb so gross wie die der Stadt, die ich verlassen hatte. Nachdem ich eine Weile dort geblieben war, fand ich heraus, dass es da einen Mann des Wissens gab, der den heiligen Koran kannte und ihn erläuterte. Ich ging zu ihm und grüsste ihn. Er erwiderte meinen Gruss und wünschte mir Gottes Frieden und Segen. Obwohl ich vom Herrscher der Stadt der Dunkelheit gehört hatte, dass er auch hier herrsche, erkundigte ich mich bei meinem Lehrer und fragte ihn nach dem Namen ihres Herrschers. Er bestätigte mir, dass sie unter der Rechtsprechung Seiner Hoheit Klugheit stünden, aber dass sie ihre eigenen Verwalter hätten, deren Namen Überheblichkeit, Heuchelei, Engstirnigkeit und Fanatismus seien.

In der Bevölkerung gab es zahlreiche Menschen des Wissens, viele Menschen, die anscheinend rechtschaffen, fromm, hingebungsvoll und gerecht waren. Ich wurde ihr Freund und stellte fest, dass sie an Arroganz, Egoismus, Neid, Ehrgeiz, Engstirnigkeit litten, und in ihren Freundschaften an Unaufrichtigkeit. Sie waren gegeneinander feindselig und stellten sich gegenseitig Fallen. Was ich noch am ehesten von ihnen sagen kann, ist, dass sie beteten und versuchten, Gottes Gebote zu befolgen, da sie sich vor Gottes Strafen und vor der Hölle fürchteten und auf ein ewiges, angenehmes Leben im Paradies hofften.

Ich fragte einen von ihnen über die Stadt der Dunkelheit ausserhalb der Mauern und beklagte mich über die dortigen Leute. Er stimmte mit meinen Klagen überein und sagte, dass die Bevölkerung jener Stadt aus bestechlichen, aufrührerischen und mörderischen Ungläubigen bestehe. Weder hätten sie einen Glauben noch würden sie je beten. Er fügte hinzu, dass sie Trunkenbolde, Ehebrecher und Päderasten seien, völlig unbewusst und rücksichtslos. Aber von Zeit zu Zeit würden sie von einer rätselhaften Leitung zur Stadt des Selbstvorwurfes geführt. Dann würde ihnen klar werden, was sie getan hätten, sie würden bedauern, bereuen und um Vergebung bitten. In ihrer eigenen Stadt, sagte er, wüssten sie nicht, was sie täten, so dass es ihnen nie in den Sinn kam, zu bedauern oder um Vergebung zu bitten. Daher würden sie einander nicht helfen und niemand würde sich für sie einsetzen.

Als ich erstmals in die Stadt der Selbstvorwürfe gekommen war, hatte ich gesehen, dass in ihrem Zentrum noch ein weiteres Schloss war, und ich fragte den gebildeten Einwohner danach. Er sagte, dass man es *Mulhima nannte,* die Stadt der Liebe und der Eingebung. Ich fragte nach ihrem Herrscher und man antwortete mir, dass er *'Aql al-Ma'ad,* Seine Hoheit Weisheit, Wissender von Gott heisse. Dieser König habe einen Premierminister, dessen Name Liebe sei.

»Wann immer einer von uns die Stadt der Liebe und der Eingebung betritt«, fuhr er fort, »wird er in unserer Stadt nicht mehr aufgenommen. Weil jeder, der dorthin geht, wie der ganze Rest der Bevölkerung jener Stadt von jenem Premierminister vollständig abhängig wird. Er verliebt sich in ihn und ist bereit, alles aufzugeben – alles was er hat, sein Eigentum, seine Familie und Kinder, sogar sein Leben – zum Wohle des Premierministers, genannt Liebe. Unser Sultan, Seine Hoheit Klugheit, findet diese Eigenschaft völlig unannehmbar. Er fürchtet sich vor dem Einfluss derjenigen, die diese Qualität haben, weil sowohl ihre Treue wie auch ihre Handlungen unlogisch erscheinen und mit gesundem Menschenverstand nicht zu verstehen sind.«

»Wir hören, dass die Leute dieser Stadt Gott mit Singen und Rezitieren anrufen, sogar unter Begleitung von Bambusflöte, Tamburinen und Trommeln. Sie sollen dabei ohnmächtig werden und in Verzückung geraten. Unsere religiösen Führer und Theologen finden dies gemäss unseren orthodoxen Regeln nicht annehmbar. Daher denkt niemand auch nur im Traum daran, seinen Fuss in die Stadt der Liebe und Eingebung zu setzen.«

Als ich dies hörte, empfand ich eine schreckliche Abneigung gegen die Stadt des Selbstvorwurfes und rannte zu den Toren der gesegneten Stadt der Liebe und Eingebung. Ich las über dem Tor *bab ul-jannati maktub: la ilaha illa Llah*. Ich wiederholte laut den heiligen Satz *la ilaha illa Llah* – »Es gibt keinen Gott ausser Gott« – warf mich nieder und bot meine aufrichtige Dankbarkeit an. Da öffneten sich die Tore und ich trat ein.

Bald fand ich ein Derwischhaus, wo ich die Hohen und die Niederen, die Reichen und die Armen zusammen sah, als wie ein einziges Wesen. Ich sah, wie sie sich gegenseitig liebten und achteten, sich gegenseitig mit Rücksicht bedienten, in Ehrerbietung und Hochachtung, in einem fortwährenden Zustand reiner Freude. Sie sprachen und sangen – ihre Lieder und ihr Gespräch waren bezaubernd und schön, immer über Gott und das Jenseits, spirituell; fern von allen Ängsten und Schmerzen, wie im Paradies. Weder sah noch hörte ich etwas, das einem Streit oder einer Auseinandersetzung geglichen hätte, nichts Verletzendes oder Schädliches. Da gab es keine Ränkespiele und keine Bosheit, Neid oder Klatsch. Ich spürte bei ihnen sofort Frieden, Trost und Freude.

Ich sah einen wunderschönen alten Mann, aus ihm leuchtete Bewusstheit und Weisheit. Ich fühlte mich zu ihm hingezogen, ging zu ihm und wandte mich an ihn: »Oh mein Wertester, ich bin ein armer Reisender und darüberhinaus krank, ich suche nach einem Heilmittel für meine Krankheit der Dunkelheit und Unbewusstheit. Gibt es in dieser Stadt der Liebe und Eingebung einen Arzt, der mich heilen kann?«

Er schwieg eine Weile. Ich fragte ihn nach seinem Namen. Er sagte, dass sein Name *Hidaya*, Führung, sei. Dann sagte er: »Mein Spitzname ist Wahrhaftigkeit. Seit undenkbaren Zeiten ist kein einziges unwahres Wort über diese Lippen gekommen. Meine Aufgabe und meine Pflicht ist es, jenen, die aufrichtig die Vereinigung mit dem Geliebten suchen, den Weg zu weisen. Und zu dir sage ich,

Und diene deinem Herrn,
bis die Gewissheit zu dir kommt.
(15:99)

So gedenke des Namens deines Herrn
und widme dich Ihm voll und ganz.
(73:8)

»Auch du bist ein aufrichtig Liebender: Höre mir mit dem Ohr deines Herzens zu! In dieser Stadt der Liebe und Eingebung, in die du gekommen bist, gibt es vier Bezirke. Diese vier Bezirke sind ineinander enthalten.

Der äussere Bezirk wird *Muqallid,* der Bezirk der Nachahmer, genannt. Der geschickte Arzt, den du für die Heilung deiner Krankheit suchst, ist nicht in diesem Bezirk. Auch die Apotheke, die Medikamente gegen die Krankheit der Achtlosigkeit, der Dunkelheit des Herzens und gegen versteckte Vielgötterei hat, ist nicht dort. Obwohl du viele finden wirst, die sich als Ärzte für das Herz anpreisen – und auch so auftreten, in Gewänder gekleidet und grosse Turbane tragend, die sich als weise Menschen ausgeben, während sie versuchen, ihre Unwissenheit, ihre Verdorbenheit und ihren Mangel an Charakter zu verstecken. Sie sind unfähig unter Beweis zu stellen, was sie zu sein behaupten, sie sind auf der Suche nach Ruhm und voll weltlichem Ehrgeiz – sie selbst erkranken an der Krankheit der Selbstsucht. Sie ordnen Gott Partner zu und sind nur in der Nachahmung Meister.

Sie verstecken ihr Ränkespiel, ihre Doppelzüngigkeit und ihre Bosheit gut. Sie sind intelligent, scharfsinnig, vergnügt, humorvoll und sie sind Genussmenschen. Obwohl ihre Zungen die Gebete und die Namen Gottes zu sprechen scheinen und du sie häufig in den Kreisen der Derwische findest, führen ihre Gedanken, von denen sie gelenkt werden, nicht dazu, den Einfluss und den Nutzen ihrer Gebete zu erkennen. Daher wirst du den Balsam, der die Schmerzen des Unbewusstseins und der Vergesslichkeit lindern soll, nicht bei ihnen finden.

Du könnstest genauso gut diesen Bezirk der Nachahmer verlassen und Zuflucht im Bezirk von *Mujahid,* dem Bezirk der Krieger, suchen.«

Ich folgte seinem Rat und begab mich zum Bezirk der Krieger. Die Leute, die ich dort antraf, waren schwach, dünn, sanft, gedankenvoll, dankbar, dem Gebet zugetan, gehorsam, fastend, betrachtend und meditierend. Ihre Stärke lag darin, in Übereinstimmung mit dem zu leben, was sie wussten. Ich wurde vertraut mit ihnen und sah, dass sie alle Charakterschwächen hinter sich gelassen hatten, die aus Egoismus, Eigendünkel und dem Schatten der Unbewusstheit entstehen. Sie hatten eine Fähigkeit zu dienen entwickelt, glücklich mit ihrem Herrn und zufrieden mit ihrem Zustand. Ich blieb viele Jahre im Bezirk der sanften Krieger. Ich handelte, wie sie handelten, lebte, wie sie lebten, beobachtete mich selbst, wie ich handelte und lebte, und liess keinen Augenblick in Achtlosigkeit vergehen. Ich lernte und zeigte Geduld und Nachsicht, lernte, zufrieden mit meinem Schicksal und von ihm befriedigt zu sein.

Ich kämpfte Tag und Nacht hart mit meinem Ego, aber es gab in mir noch immer die Vielgötterei von zahlreichen »Ichs« und »Michs«, die sich untereinander bekämpften, obwohl sie einem einzigen Gott gegenüberstanden. Diese meine Krankheit des *shirk khafi* – viele »Ichs« als Partner Gott zur Seite zu setzen – warf bedrückende Schatten auf mein Herz, versteckte die Wahrheit und hielt mich in Achtlosigkeit gefangen.

Ich befragte die Ärzte des Bezirks, ja ich flehte sie an. Ich erzählte ihnen von meiner Krankheit, der versteckten Vielgötterei, der schlimmen Achtlosigkeit, der Dunkelheit des Herzens, und bat sie um Hilfe. Sie sagten mir: »Sogar an diesem Ort derjenigen, die ihr Ego bekämpfen, gibt es keine Heilung für deine Gebrechen, weil:

Und Er ist bei euch, wo immer ihr seid.«
(57:4)

Dann rieten sie mir, in die Richtung des Schlosses von *Mutma'ina,* der Stadt von Frieden und Gelassenheit, zu reisen. In der Nähe dieser Stadt lag ein Bezirk namens *Munajaat wa Muraqaba* – Flehen und Meditation. Sie meinten, dass es vielleicht dort einen Arzt gebe, der mich heilen könne.

Als ich zum Bezirk der Meditation kam, sah ich seine Bewohner, ruhig und friedlich, sich innerlich an Gott erinnernd, Seine Schönsten Namen rezitierend. Für jeden einzelnen von ihnen war ein Sohn des Herzens geboren worden. Sie standen, ihre Häupter in der Gegenwart ihres Herrn geneigt, still, melancholisch, traurig, in tiefer Demut und Verehrung. Obwohl ihr Äusseres ausgelöscht und zerstört schien, strahlten und erblühten ihre Herzen.

Ihre Umgangsformen waren sanft und höflich. Sie sprachen kaum miteinander aus Furcht, einander von der Aufmerksamkeit für den Einen, in dessen Gegenwart sie sich fühlten, abzulenken und sich gegenseitig von tiefer Meditation abzuhalten. Sie waren leicht wie Federn, und doch fürchteten sie am meisten, eine Bürde und Last für andere zu sein.

Ich verbrachte viele Jahre in diesem Bezirk der Meditation und der Betrachtung. Ich tat, was die Leute dort taten, und tatsächlich meinte ich, von der Krankheit der Vielgötterei, der Achtlosigkeit und des Unbewusstheit endlich geheilt zu sein. Aber ich war nicht geheilt von der versteckten Dualität von »Ich« und »Er«, die noch immer schwere Schatten auf mein Herz warf.

Meine Tränen rannen in Strömen. Im Elend und in vollständiger Erfurcht fiel ich in einen eigenartigen Zustand, in dem mich ein Ozean von Traurigkeit umgab. Ich wünschte mir, in jenem Meer zu ertrinken. Ich fand keine andere Lösung als zu sterben. Aber ich konnte nichts tun, ich hatte keinen Willen, nicht mal den zu sterben.

Wie ich jetzt so hilflos dastand, traurig und entrückt, da erschien der schöne Lehrer, den ich in diesen seltsamen Ländern zuerst getroffen hatte, jener, der *Hidaya,* der Führer, genannt wird. Er schaute mich mitfühlend an: »Oh armer Sklave seiner selbst, in dieses fremde Land verbannt! Oh Wanderer fern von zu Hause! Oh armer Elender, du kannst in diesem Zustand keine Heilung finden. Verlasse diesen Ort. Gehe zu jenem Bezirk dort drüben, gerade neben dem Tor zum Schloss von *Mutma'ina*. Dieses Viertel wird *Fana* – Selbstauslöschung – genannt. Dort wirst du Ärzte finden, die ihr Selbst ausgelöscht haben, die kein Dasein haben, die das Geheimnis von *fa-afnu thumma afnu thumma afnu fa-abku thumma abku thum-*

ma abku kennen – Sei nichts, sei nichts, sei nichts, so dass du sein wirst, so dass du sein wirst, so dass du für immer sein wirst!«

Ohne zu zögern ging ich zum Bezirk der Auslöschung. Ich sah seine Bevölkerung stumm, sprachlos, gleichsam tot, ohne die Kraft, auch nur ein Wort zu sagen. Sie hatten alle Hoffnung aufgegeben, irgendeinen Nutzen aus dem Sprechen zu ziehen und waren bereit, ihre Seele dem Engel des Todes zu überlassen. Es war ihnen vollkommen gleichgültig, ob ich da war oder nicht.

Ich sah bei ihnen keine Handlung, ausser der Verrichtung ihrer Gebete fünfmal täglich. Sie hatten die Idee einer Trennung zwischen dieser Welt und dem Jenseits verloren, sie hatten sie schlicht und einfach vergessen. Schmerz und Freude waren für sie gleich. Sie hatten keine Vorliebe, weder für materielle noch für spirituelle Dinge. Kein Gedanke beschäftigte sie. Sie erinnerten sich an nichts und sie freuten sich auch nicht auf irgendetwas. Alle Bedürfnisse und Wünsche waren ihnen fremd. Sie hatten sogar aufgehört, Gott um das zu bitten, was sie wünschten.

Ich blieb während vieler Jahre bei ihnen. Ich tat, was sie taten. Ich trat nicht anders auf als sie, aber ich kannte ihren inneren Zustand nicht, und so konnte ich das nicht tun, was sie innerlich taten.

Sogar an diesem Ort, mitten unter ihnen, fühlte ich grossen Schmerz. Doch wenn ich die Symptome meines Übels beschreiben wollte, konnte ich weder einen Körper noch überhaupt etwas Seiendes finden, um sagen zu können »dies ist mein Körper« oder »das bin ich«. Da wusste ich, dass das, was »Ich« war, zum Besitzer von mir geworden war. Dann erkannte ich, dass »dieses Dasein gehört mir« zu sagen, eine Lüge ist, und zu lügen ist für jedermann eine Sünde. Da wusste ich, dass die versteckte Vielgötterei, von der ich mir wünschte loszukommen, darin bestand, den wirklichen Besitzer um das zu bitten, was »mein« war. Was war folglich zu tun?

Mit ehrfürchtigem Schrecken sah ich, dass ich frei von allen meinen Wünschen war. Ich weinte und weinte. Wenn ich Ihn jetzt in meiner Verzweiflung anrufen und sagen würde »Oh Herr!«, dann gäbe es zwei – das Ich und das Er, mich und der Eine, von dem ich Hilfe erbete, der Wille und das Gewollte, das Begehren und das Begehrte, der Liebende und der Geliebte, oh so viele! Ich wusste kein Heilmittel dagegen.

Das jämmerliche Klagen zog das Mitleid des Engels der Eingebung an, den sein Herr mit der Belehrung der Liebenden beauftragt hatte. Mit der Erlaubnis seines Herrn las er mir aus dem Buch der göttlichen Eingebung vor: »Vernichte zuerst deine Handlungen.«

Er gab mir dies zum Geschenk. Als ich meine Hand ausstreckte, um es entgegen zu nehmen, sah ich, dass es da keine Hand gab. Es war eine Zusammensetzung aus Wasser, Erde, Äther und Feuer. Ich hatte keine Hand, um damit zu nehmen. Ich hatte keine Kraft zu handeln.

Es gibt nur Einen, der Macht hat, den Allmächtigen. Welche Handlung auch immer durch mich erfolgt, sie gehört dem absolut Handelnden. Alle Kraft, alle Tätigkeiten, übergab ich Ihm und liess all das los, was mir und durch mich in dieser Welt geschehen war. Da ich vom Engel der Eingebung unterwiesen worden war, wusste ich, worin die Auslöschung der eigenen Handlungen bestand. Und alles Lob gehört Gott.

Der Beweis der Notwendigkeit, auf dem Weg zur Wahrheit die eigenen Handlungen zu verleugnen, liegt im Vers im Heiligen Koran:

Qul kullun min 'indilla-hi

Sprich: »Alles ist von Gott!«
(4:78)

Ich bin ungebildet und wurde nicht unterrichtet, aber Gott der Höchste in Seiner Offenbarung der letztendlichen Wahrheit hat mich mit der Fähigkeit und Kraft gesegnet, zu lehren. Das, was hier erzählt wird, sind Ereignisse, die mir geschahen, Erfahrungen, die einen Geisteszustand herbeiführten, und wie gesagt wird, *al-halu la yu'rafu bil-qal* – »die Zustände können nicht mit Worten erklärt werden«" –, ist es nicht möglich, derartige Zustände so zum Ausdruck zu bringen, dass andere sie würdigen oder gar sich vorstellen können.

Dann wünschte ich, mit Gottes Erlaubnis und mit Hilfe des Engels der Eingebung, meine Eigenschaften loszulassen – jene Merkmale, die die Persönlichkeit ausmachen. Als ich schaute, gehörte das, was ich sah, nicht mir. Als ich sprach, gehörte das, was ich sagte, nicht mir. Auch der Inhalt gehörte nicht mir. Vollkommen hilflos, war ich von allen Eigenschaften, den sichtbaren und den unsichtbaren, die mich ausgezeichnet hatten, von allen inneren und äusseren Qualitäten, die mich zu dem »Ich« gemacht hatten, abgeschnitten.

Mit meinem ganzen Sein, meinem Empfinden und meinem Geist hielt ich mich selbst für eine reine Essenz. Dann spürte ich, dass sogar dies Dualität war. Was muss ich tun, welche Beziehung habe ich zu etwas, das nicht zu mir gehört? Ich war wieder hilflos.

Dann wurde mir sogar meine Essenz weggenommen. Noch immer wünschte ich und sehnte mich nach Ihm. Ich spürte die Bedeutung von

wa talibu 'ayni 'abdi

Wer sich nach Mir sehnt, ist Mein wahrer Diener.

Wehe diesem ›ich in mir‹, ich weiss nicht, was zu tun ist. Hilflos hoffe ich auf Vereinigung.

Wa Llahu bi kulli shay'in muhit,

Gott, der

alle Dinge umfasst,

huwal-awwalu wal-akhiru waz-zahiru wal-batinu
wa huwa bi kulli shay'in 'alim

Der

vor dem Vorher und nach dem Nachher ist, und all das ist,
was offensichtlich ist, und all das, was versteckt ist, und um alle Dinge
weiss, Er wurde im Geheimnis meines Herzens offenbar.

Sogar dann wünschte ich, dass das Geheimnis von *mutu qabla an tamutu,* »stirb bevor du stirbst!« in mir verwirklicht würde. Wehe, wieder diese versteckte Zweiheit von dem Ich und dem Einen, nach dem ich mich sehne! Auch dies kann nicht die Wahrheit sein.

Was ist dies für eine Krankheit, die dieses schmerzende Stechen erzeugt, wenn ich mich bewege, wenn ich wünsche, wenn ich mich sehne, wenn ich um Hilfe bitte, wenn ich bete und flehe? In welch eigenartigen Zustand, so schwierig aufzulösen, bin ich gefallen?

Hilflos übergab ich all diese Fragen ihrem Eigner und wartete am Tor der Ergebung im Todeskampf, besinnungslos, ohne Gedanken oder Gefühle, wie tot, in der Erwartung, dass mich der Tod bei jedem Atemzug hinwegnehmen könnte. Ich weiss nicht, wie lange ich in diesem Zustand verblieb.

Dem Ratschlag *istafid qalbaka* – »frage dein Herz!« folgend, bat ich mein Herz, mich zu unterweisen. Es sagte mir: »Solange es noch eine Spur von dir in dir gibt, kannst du den Ruf deines Herrn *irji'* – ›Komm zu Mir zurück!‹ nicht hören.«

Wenn eine Katze in die Salzgrube fällt und ertrinkt und nach einer gewissen Zeit ihr Körper zu Salz wird, könnte dieses Salz, falls nur ein einziges Haar zurückbleibt, für Nahrung benutzt werden? Wie lange und wie oft diskutieren und streiten Theologen über solche Themen! Einige meinen, dass das Salz trotz des einen Haares rein sei und dass die Leiche der Katze nun das Salz sei; und einige meinen, dass das eine Haar so viel wie die Katze darstellt, wie der ganze Körper. Daher sei das Salz schmutzig und für das Essen nicht zugelassen.

Ich spürte die Wahrheit darin und wünschte mir, dass jene Spur von mir in mir sterben würde. Ich tauchte jene Spur in göttliche Glückseligkeit. Eine Ekstase über das, was zu mir gehörte, kam aus mir zu mir und deckte alles zu, eine Ekstase, deren Geschmack nicht beschrieben werden kann. Ohne Ohren, ohne Worte, ohne Buchstaben hörte ich die Einladung: *Irji'* – »Komm!«

Ich versuchte zu überlegen: »Was ist dieser Zustand?« Mein Denken konnten es nicht denken. Man liess mich wissen, dass Gedanken nicht über das heilige Geheimnis nachdenken können. Sogar diese Erkenntnis wurde mir, so schnell wie sie gekommen war, auch wieder weggenommen.

Oh Suchender, was hier gesagt worden ist, sollte nicht zeigen, dass ich ein Wissender bin. Daher werdet ihr davon erst erfahren, nachdem ich von euch gegangen bin. Dies zum Nutzen der Wahrheitssucher, der

Liebenden, die sich nach dem Geliebten sehnen, damit es ihnen helfen möge, sich selbst zu kennen, damit sie herausfinden können, in welcher der von mir bereisten Städte sie selbst sich gerade befinden und mit welchen Bewohnern sie sich anfreunden. Wenn sie ihren Ort kennen, aufrichtig kennen, werden sie demgemäss handeln und die Richtung zum Tor von Gottes Wohlgefallen kennen, und sie werden dankbar sein. Vielleicht werden sie sich an diesen *faqir,* den Schreiber dieser Worte, mit einem kleinen Gebet erinnern.

> *Gottes Friede und Segen sei auf Shaykh Muhammad Sadiq Naqshbandi Erzinjani, dem ursprünglichen Autor dieser Zeilen, und auf denen, die sie lesen. Al-Fatihah*